DIANA COOPER

Die Engel deine Freunde

Vom Wirken himmlischer Mächte im Alltag

Aus dem Englischen von Marion Zerbst

Ansata

Dieses Buch möchte ich meiner wunderbaren Tochter Lauren widmen. Ich danke ihr für ihre Unterstützung und dafür, dass sie mich als Mutter ausgewählt hat.

FSC
Mix
Produktgruppe aus vorbildlich bewirtschafteten Wäldern und anderen kontrollierten Herkünften
Zert.-Nr. SGS-COC-1940
www.fsc.org
© 1996 Forest Stewardship Council

Verlagsgruppe Random House FSC-DEU-0100
Das für dieses Buch verwendete FSC-zertifizierte Papier
Munken Premium Cream liefert
Arctic Paper Munkedals AB, Schweden.

Sonderausgabe 2007

Ansata Verlag
Ansata ist ein Verlag der Verlagsgruppe Random House GmbH

ISBN 978-3-7787-7320-8

Die Originalausgabe erschien 2001 unter dem Titel »Angel Inspiration« im Verlag Hodder and Stoughton/Hodder Headline, London.

Redaktion: Anja Schmidt
Herstellung: Helga Schörnig
Umschlaggestaltung: Hauptmann und Kompanie
Werbeagentur, München – Zürich unter Verwendung eines Motivs von photonica
Satz: Franzis print & media GmbH, München
Druck und Bindung: GGP Media GmbH, Pößneck

Inhalt

Erzengel und die Höhere Hierarchie

Engelübungen und -meditationen

Einführung

Im Alter von 42 Jahren ließ ich mich scheiden und fiel in emotionaler Hinsicht in ein tiefes »schwarzes Loch«. Obwohl ich eigentlich gar nicht religiös oder spirituell orientiert war, rief ich aus tiefster Seele um Hilfe – und mein Schutzengel erschien und zeigte mir meine Zukunft. Dieses Erlebnis hat mein Leben verändert.
Die Liebe und Kraft meines Engels halfen mir, mich von der Vergangenheit zu lösen und ein neues Leben anzufangen. Ich machte eine Ausbildung zur Hypnotherapeutin und Heilerin und widmete mich von nun an ganz meinem spirituellen Weg. Jahrelang behandelte ich Klienten; doch obwohl mir die Existenz von Engelwesen bewusst war, trat ich hauptsächlich mit meinen Geistführern in Kontakt.
Doch elf Jahre später erschien der Engel wieder und bat mich, eine Mission zu erfüllen: Ich sollte die Menschen mit den Engelwesen bekannt machen. Nach anfänglichem Zögern willigte ich ein – und wieder veränderte sich mein Leben. Von da an war ich von Engeln umgeben, die mir bei meiner Aufgabe halfen, die Menschen auf die Existenz der Engelwesen aufmerksam zu machen.

Ohne irgendjemandem davon erzählt zu haben, was passiert war, hatte ich in meinen Kursen und Seminaren plötzlich doppelt so viele Schüler wie zuvor. Die Menschen strömten in immer größeren Scharen zu mir – ihre Engel hatten sie geschickt.
Sie drängten mich, mein nächstes Buch über Engel zu schreiben, was ich mit Begeisterung tat. Das Buch war rasch fertig gestellt. Die Engel sagten mir, welchem Verleger ich das Manuskript schicken, an welchem Tag ich es zur Post bringen sollte und dass es um die Weihnachtszeit erscheinen würde. Und entgegen aller Wahrscheinlichkeit traf tatsächlich alles so ein, wie es die Engel prophezeit hatten.

Der Ursprung aller Dinge sendet heutzutage mehr Engel, die Seine Boten sind, auf die Erde als je zuvor. Die erste große Welle von Engeln kam in biblischer Zeit zur Erde. Die zweite große Engelsschar wurde im Mittelalter auf die Welt geschickt, und heute haben wir das Glück, die dritte große Massenankunft von Engeln auf der Welt zu erleben. Der Dekan einer englischen Kathedrale erklärte mir einmal, in seinem Theologiestudium habe er gelernt, Engel seien nur eine Ausgeburt mittelalterlicher Fantasie. Als er dann mein Buch las, dachte er: »Nein! Zu so etwas sind Engel ganz sicher nicht imstande.« Zu mir sagte er: »Wenn es Engel gibt, dann kannst du mit ihrer Hilfe doch sicherlich dafür sorgen, dass während meiner Fahrt heute alle Ampeln auf grün geschaltet sind?« Die Autofahrt ging ungefähr über 80 Kilometer. Hinterher rief er mich fassungslos an und sagte: »Es hat tatsächlich funktioniert.« Während der ganzen Fahrt hatten alle Ampeln auf grün geschaltet, sobald er sich ihnen näherte. Ich muss allerdings hinzufügen, dass ich mich mehrmals mit diesem Mann zum Mittagessen getroffen und festgestellt habe, dass er ein ganz besonderer Mensch war.

Erst jetzt öffnen wir Menschen uns für die Gegenwart der Engel. Sie haben versprochen, dass innerhalb der nächsten 20 Jahre sehr viele Menschen Engelwesen zu Gesicht bekommen werden. Es ist ein großes Glück für uns, gerade jetzt auf der Erde zu leben, da sich diese unglaubliche Chance zu spirituellem Wachstum bietet.
Engel schwingen auf einer sehr hohen Frequenz. Sie sind göttliche Boten, Führer und Heiler, die keinen eigenen freien Willen haben. Sie tun nur, was Gottes Wille ist.
Jeder Mensch hat seinen eigenen Schutzengel, der ihn auf all seinen Inkarnationen begleitet. Die Engel sehnen sich danach, dir beizustehen; doch das Spirituelle Gesetz verbietet ihnen, etwas für dich zu tun, solange du sie nicht darum bittest. Wenn du sie rufst, helfen sie dir gern, beschützen dich und ebnen dir den Weg, wo immer es geht. Sie warten nur darauf, deine Anweisungen auszuführen, denn nur dadurch erhalten sie die Möglichkeit, die Welt zu heilen.

Dein Schutzengel ist immer bei dir und sendet dir sein liebevolles Licht. Und es sind auch noch andere Engel in deiner Nähe. Außerdem hast du Helfer. Meist sind das Vorfahren oder Verstorbene, die dir früher einmal nahe standen. Auch deine Geistführer sind bei dir. Sobald du eine höhere Entwicklungsstufe erreichst, bist du von größeren Führern – höheren Meistern, ja sogar Erzengeln – umgeben. Deine unsichtbaren Begleiter lenken dich unaufhaltsam zur Erfüllung deiner Bestimmung hin. Sie schaffen eine mächtige Strömung, und immer wenn du dich dieser göttlichen Führung hingibst, läuft alles in deinem Leben mühelos – wie von selbst. Sie bahnen dir den Weg, sodass du Herausforderungen schwungvoll meistern und Probleme mit Leichtigkeit umschiffen kannst. Nur wenn du Widerstand leistest und alles nach deinem eigenen Willen tun willst, leidest du Schmerzen und gerätst in schwierige Situationen, aus denen es keinen Ausweg zu geben scheint.

Da wir Menschen einen freien Willen haben,
können die Engel ihre Arbeit nicht ohne unser
Mitwirken tun. Wir sind die Vermittler, durch
die die Engel ihre Energie auf die Erde lenken.
Wenn du ihnen deine Zusammenarbeit

anbietest, kommen sie in deine Nähe und warten auf deine Anweisungen.
Sobald du die Engel bittest, einem Menschen zu helfen oder eine Situation zu verbessern, baust du mit deinen Gedanken und Worten Brücken, über die sie eingreifen und helfen können. Ohne deine Vermittlung wäre ihnen das nicht möglich.
Wenn mehrere Menschen gemeinsam die Engel anrufen, um eine Situation auf eine höhere Ebene emporzuheben, können die Engel enorme Kräfte entfalten. Dann werden Wunder möglich. Gemeinsam haben Menschen und Engel die Macht, die Welt zu verändern.

Als die Engel mich baten, die Menschen auf ihre Existenz aufmerksam zu machen, begann ich sie um Unterstützung für mich und andere Personen anzurufen – und sofort wurde ich mit Reichtümern aller Art überhäuft.
Bald nachdem die Engel mir erschienen waren, nahm ich an einem Seminar in einer anderen Stadt teil. Mehrere Seminarteilnehmer wohnten in derselben Pension wie ich, deren Besitzerin (was ich allerdings

nicht wusste) ein Medium war und Geistwesen sehen konnte. Nach dem Frühstück am Sonntagmorgen wies sie anklagend mit dem Finger auf mich und sagte: »Sie, junge Frau in Blau, haben viele Engel mitgebracht. Sie warten schon das ganze Wochenende überall in meinem Haus und meinem Garten!« Das war vielleicht das erste Mal, dass mir klar wurde: *Wenn du dein Leben dem Dienst an anderen Menschen widmest, kommen Engel zu dir. Sie hoffen, dass du ihnen mit deinen Gedanken die richtige Richtung weist, damit sie allen Lebewesen auf der Erde helfen und sie heilen können.*

Mittlerweile bin ich manchmal von Tausenden von Engeln umgeben, vor allem, wenn ich ein Seminar veranstalte; denn wir senden ständig Engel aus, um der Welt zu helfen. Mir haben schon viele Menschen geschrieben, dass sofort eine unendlich große Engelschar zu ihnen strömte, sobald sie begannen, den Engeln Anweisungen zur Heilung unseres Planeten zu geben.

Wenn du dein Leben einem spirituellen Weg widmest, werden die Engel Möglichkeiten finden, dir bei deiner Mission zu helfen. Nachdem ich mein Buch *Der Engel-Ratgeber* geschrieben hatte, wurde ich zu einem Auftritt in einer bekannten Fernsehsendung eingeladen. Kurz vor Beginn der Sendung fragte man mich, ob dabei auch unsere Auren fotografiert werden dürften. Natürlich war ich einverstanden. Einer plötzlichen Eingebung folgend, bat ich meine Engel, sich mit fotografieren zu lassen, weil ich glaubte, dass ihr Licht die Menschen durch das Foto hindurch erreichen und innerlich berühren würde. Aber natürlich ahnte ich nicht, dass die Engel klar und deutlich hinter mir auf der Aurafotografie zu sehen sein würden. Sie überraschen selbst mich immer wieder! Natürlich kam eine Flut von Anrufen, und ich wurde für die Sendung am nächsten Tag wieder eingeladen. Das Aurafoto mit den hinter mir stehenden Engeln ist in Fernsehsendungen auf der ganzen Welt gezeigt worden und rief jedes Mal unglaubliche Reaktionen hervor. Engel können dir in deinem Leben und beim Erreichen deiner Ziele auf eine Art und Weise helfen, die du nicht für möglich hältst!

Wenn ihnen etwas wichtig ist, wecken sie mich sogar mitten in der Nacht und geben mir ein, was ich tun soll. Einmal, als ich in Kalifornien war und am nächsten Tag mit Dawn Fazende, der Herausgeberin des *Mount Shasta Magazine,* zum Mittagessen verabredet war, weckten mich die Engel morgens um Viertel vor fünf und teilten mir mit, dass diese Begegnung sehr wichtig sei. Sie erklärten mir genau, was ich zu Dawn sagen sollte. Und in dem Augenblick, in dem wir uns zum ersten Mal begegneten, wussten wir tatsächlich beide, dass uns etwas ganz Besonderes verbinden würde. Wir reichten uns die Hände und waren schlagartig von einem Kraftfeld der

Liebe und des Lichts umgeben, so mächtig, dass wir uns nicht rühren konnten. So etwas hatte ich noch nie erlebt. Dawn verfasste einen Artikel, der all die Informationen enthielt, welche die Engel den Menschen übermitteln wollten. Außerdem schreibe ich jetzt regelmäßig eine Engel-Kolumne für ihre wunderbare Zeitschrift. Auf diese Weise werden die Engel in Amerika noch mehr bekannt. Sie finden unglaubliche Mittel und Wege, dafür zu sorgen, dass Gottes Wille geschieht.

Ich hatte gerade einen spirituellen Roman beendet, als mein Verleger mich bat, noch ein Buch über Engel zu schreiben. Ich versprach ihm, darüber nachzudenken, hatte in Wirklichkeit aber keine große Lust dazu. Am nächsten Morgen wurde ich um drei Uhr aus tiefstem Schlaf geweckt und war von einer Schar von Engeln umgeben. Da erfüllte mich plötzlich ein wunderbares Gefühl der Freude und Begeisterung bei dem Gedanken, dieses Buch zu schreiben.

Sie haben mich gebeten, dich daran zu erinnern, wie sehr sie dir helfen können. Du kannst sie mit deiner göttlichen Kraft dazu anleiten, die Welt zu heilen.

Ich wusste, dass ich sofort mit der Arbeit an diesem Buch beginnen musste, und sie haben mir von Anfang an dabei geholfen. Hier ist es.

Engel

Kapitel 1

Schutzengel

Du hast einen Schutzengel, der dir bei deiner ersten Inkarnation zugewiesen wird und während all deiner folgenden Inkarnationen bei dir bleibt. Er entwickelt sich mit dir weiter. Wie alle Engel ist er ein androgynes (zwittriges) Wesen und ein reiner Geist.

Dein Schutzengel hat eine Vision von deiner göttlichen Vollkommenheit und erinnert dich ständig daran. Er gibt dir Gedanken der Harmonie, Wahrheit und Integrität ein. Wenn du mit einem anderen Menschen Streit hast, hält dein Schutzengel in unendlicher Liebe die Hand des Engels dieser anderen Person. Wenn es ein Problem gibt, das du nicht lösen kannst, führt er dir die Vision des höchsten und besten Ergebnisses vor Augen und ermöglicht dir, es zu erreichen. So schlecht du dich auch benehmen magst – er liebt dich bedingungslos.

Dein Schutzengel will dir helfen, doch das Spirituelle Gesetz verbietet es ihm, solange du ihn nicht darum bittest. Für ihn ist es die allergrößte Freude, dir deinen Lebensweg zu ebnen. Kein Wunsch ist ihm zu groß oder zu klein. Zum Beispiel hilft er dir, beim Einkaufen die richtigen Geschenke zu finden, beschützt dich beim

Autofahren oder macht dich mit jemandem bekannt, der dir helfen kann. Dein Schutzengel bewirkt schicksalhafte Begegnungen und scheinbar zufällige Ereignisse in deinem Leben. Wenn es nicht deine Bestimmung ist, zu leiden, und wenn deine Zeit zum Sterben noch nicht gekommen ist, wird er in Gefahrensituationen stets einschreiten, um dich zu retten.

Mary Davies tritt regelmäßig mit ihrem Schutzengel in Kontakt. Einmal, als sie mit ihrem Mann im Urlaub war, bekam sie heftige Zahnschmerzen. Es war nach sechs Uhr abends, alle Apotheken und Arztpraxen hatten bereits geschlossen, und sie wusste nicht, wo sie Hilfe herbekommen sollte. Da setzte sie sich ins Auto und rief ihren Schutzengel an.

Mary und ihr Mann fuhren ins nächste Dorf, wo sie ein kleines Krankenhaus fanden und anhielten, um zu fragen, ob es dort einen Zahnarzt gab. Der Pförtner telefonierte herum und stellte fest, dass sich an der nächsten Ecke eine Zahnarztpraxis befand. Da ein anderer Patient seinen Termin nicht wahrgenommen hatte, konnte der Arzt sich sofort um Marys schmerzenden Zahn kümmern.

Lächelnd erzählte sie mir, dass sie die provisorische Füllung, die er damals in den Zahn einsetzte, immer noch hat.

Ein anderes Mal fuhren Mary und ihr Mann mit dem

Zug nach Hause. Wie immer bat sie die Engel, sie auf ihrer Reise zu beschützen. Der Zug fuhr mit Höchstgeschwindigkeit. Da zersprang plötzlich das Zugfenster hinter ihnen. Wahrscheinlich hatte jemand einen Ziegelstein von einer Brücke geworfen. Überall um sie herum lagen Glassplitter, doch wunderbarerweise waren sie beide unverletzt.
Da dankte sie ihrem Schutzengel dafür, dass er seine Hand über sie gehalten hatte.

Meinem Freund Denis hat sein Schutzengel schon mehrmals das Leben gerettet. Einmal wäre er beim Abbiegen mit dem Fahrrad fast in ein Auto hineingefahren, das er nicht gesehen hatte. Da hatte er plötzlich das Gefühl, dass ein unsichtbares Wesen ihn festhielt, und entging dem Tod um Haaresbreite.
Beim zweiten Mal saß er wieder auf dem Fahrrad. Es regnete, die Straße war rutschig, und er stürzte – einem herannahenden Lastwagen direkt vor die Räder. Hilflos lag er da und sah, wie die Reifen seinem Kopf immer näher kamen. Ein paar Zentimeter vor ihm blieb der Lastwagen stehen.
Als Denis den Fahrer fragte, warum er angehalten hatte, antwortete dieser, er habe keine Ahnung gehabt, dass jemand vor seinem Wagen lag. Ein unwiderstehlicher »Impuls« habe ihn veranlasst, zu bremsen. Er hatte plötzlich das Gefühl, nicht allein im Fahrerhaus zu sein,

obwohl kein physisches Wesen bei ihm gewesen war. Beide Male konnte Denis in aller Ruhe weiterfahren, als ob nichts Besonderes geschehen sei.
Einmal schlief er am Steuer ein. Als er erwachte, sah er ein goldenes Wesen, das den Wagen für ihn steuerte. Sobald er die Augen aufschlug, verschwand das Lichtwesen wieder.
Dieser Schutzengel versäumt wirklich keine Minute, um seine Mission auf der Erde zu erfüllen!

Dein Schutzengel ist gleichzeitig auch dein Gewissen und wird dich stets drängen, das Richtige zu tun. Er gibt dir Ideen ein. Wenn du auf jemanden wütend bist und eine Auseinandersetzung suchst, versucht er dir zu helfen, die Dinge von einer höheren Warte aus zu betrachten.
Sherren Mayes erzählte mir, dass sie ihre Wohnung während eines Urlaubs einmal einem jungen Mädchen überließ, das an einem ihrer Seminare zur Heilung und Entwicklung übersinnlicher Fähigkeiten teilgenommen hatte. Als sie feststellte, dass dieses Mädchen während ihrer Abwesenheit ihre Kleider getragen, nächtliche Besuche empfangen und die Wohnung in einem chaotischen Zustand hinterlassen hatte, war sie zunächst außer sich vor Wut und wollte das Mädchen zur Rede stellen. Doch da sagte eine Stimme klar und deutlich zu Sherren: »Sei nicht böse. Sei nett zu ihr. Versuche es aus einer höheren Perspektive zu betrachten. Sieh das Gute

in ihr.« Sherren war so verblüfft, dass sie den Vorfall tatsächlich nicht erwähnte und sogar sehr nett zu dem Mädchen war.
Später wurde Sherren klar, dass das Mädchen nicht mehr in ihre Seminare gekommen wäre, wenn sie es zur Rede gestellt und angeschrien hätte. Und dann hätte es keine Gelegenheit gehabt, seine heilenden und übersinnlichen Kräfte zu entwickeln. Später schickte das Mädchen viele Leute zu Sherren und in ihre Seminare, denen dadurch auf ihrem Lebensweg geholfen werden konnte.

Vielen sensitiven Menschen fällt es schwer, geerdet zu bleiben und mit beiden Beinen im Leben zu stehen. Innerhalb einer Woche erzählten mir zwei Bekannte, wie ihr Schutzengel ihnen half, sich zu erden. Das machte mich neugierig.
Die eine drohte den Boden unter den Füßen zu verlieren, rief um Hilfe und sah, wie Engel rund um ihre Füße Leim auf den Boden gossen. Das half ihr.
Die andere, Debbie Mann, fühlte sich ständig so entwurzelt, dass sie ihrem Schutzengel vor dem Schlafengehen sagte, sie sei anscheinend blind und taub für seine Anleitungen, und er solle ihr doch bitte irgendetwas direkt vor die Nase halten, damit sie seine Lektion lernen könne. »Als ich am nächsten Morgen aufwachte«, schrieb sie mir, »tat ich instinktiv etwas, was ich noch

nie zuvor getan hatte. Ich nahm das Buch *A Little Light on the Spiritual Laws* (deutscher Titel: *Der spirituelle Lebens-Ratgeber)* zur Hand, obwohl ich sonst immer nur abends lese, und schlug das Kapitel ›Das Gesetz des Widerstandes‹ auf. Seitdem vollführe ich regelmäßig einen Affirmationstanz, stampfe mit den Füßen auf den Boden und hebe die Arme hoch in die Luft, um das Leben von ganzem Herzen willkommen zu heißen. Dabei singe ich: ›Ich bin gesund und geerdet‹. Es funktioniert tatsächlich. Die Engel haben mich mit ihrem Licht überschüttet, und ich fühle mich *großartig.*«

Wenn dein Schutzengel dir nicht direkt helfen kann, wird er dafür sorgen, dass dir ein Buch in die Hände fällt, das eine Antwort oder Lösung für dein Problem enthält; oder er wird dir den Gedanken eingeben, zum rechten Zeitpunkt das Radio oder Fernsehgerät einzuschalten, um etwas zu hören, was du in diesem Augenblick wissen musst. Folge diesen inneren Eingebungen stets. Sie kommen von deinem Schutzengel.
Es spielt überhaupt keine Rolle, ob du direkt zu Gott um Hilfe betest oder deinen Schutzengel anrufst. Dein Engel ist der Vermittler zwischen dir und dem Ursprung aller Dinge, sodass deine Bitte auf jeden Fall an die richtige Adresse gelangt. Aber es ist etwas Wunderbares, eine persönliche Beziehung zu deinem Schutzengel aufzubauen; und dabei ist es eine große Hilfe, wenn du

seinen Namen weißt. Denn jeder Name hat eine Schwingung, und wenn du deinen Engel beim Namen nennst, fühlst du dich ihm sofort näher. Engel haben sehr verschiedene Namen: ganz normale wie Fred, außergewöhnliche wie Auroriol oder auch Namen von Erzengeln wie beispielsweise Gabriel.

Deine Aura ist das elektromagnetische Feld, das dich umgibt. Sie wird von deinen Gedanken beeinflusst. Wenn du Zorn und Hass aussendest, wird deine Aura höchstwahrscheinlich voller roter und schwarzer Dolchspitzen sein.

Es ist sehr schwer für die Engel, mit dir in Verbindung zu treten, wenn du innerlich erschüttert und voller disharmonischer Emotionen bist. Sie können dir viel leichter helfen, wenn deine Aura ruhig und goldfarben ist. Wenn du also mit deinem Schutzengel in Kontakt treten möchtest, nimm dir Zeit, deine Mitte zu finden, und atme die Farbe Gold um dich herum, bis du ganz von ihr eingehüllt bist, bevor du mit ihm sprichst.

DIENST AN UNSEREM PLANETEN

Setze dich ruhig hin, und gib deinem Schutzengel die Anweisung, anderen Menschen zu helfen. Dann bitte um Hilfe für dich selbst.

KAPITEL 2

Die Hilfe der Engel

Engel kommen in drei verschiedenen Situationen zu dir: Erstens, wenn du aus der Tiefe deiner Seele nach ihnen rufst. Dann können sie dir nach dem Gesetz der Gnade auf dem Lichtstrahl des Mitgefühls helfen. Das habe ich erlebt, als ich auf meinem absoluten emotionalen Tiefpunkt angelangt war und um Hilfe rief. Da erschien mein Engel und zeigte mir meine Bestimmung. Von da an musste ich unermüdlich arbeiten, um sie zu verwirklichen.

Wenn deine Seele einen solchen Ruf aussendet, bist du bereit, dein Leben zu ändern. Dann können die Engel eingreifen. Doch wenn du nur aus innerer Bedürftigkeit und Frustration heraus um Hilfe rufst, entspringt deine Bitte deinem Ego. Und wenn die Engel dein Ego retteten, würdest du niemals etwas an deinem Verhalten ändern. Deshalb können sie dir in so einem Fall nicht helfen.

Zweitens: Wenn du in einer Notlage bist und es dir nicht bestimmt ist, zu sterben oder verletzt zu werden, wird dein Engel eingreifen und dich retten. Wenn dir ein traumatisches Erlebnis droht, das deine Seele nicht braucht, so wird er es verhindern.

Doch am grundsätzlichen Plan deines Lebens können die Engel nichts ändern. Wenn es dir also vorherbestimmt sein sollte, als Kind oder junger Mensch zu sterben, dann müssen sie es geschehen lassen. Auch den Geboten deines Höheren Selbst muss dein Engel sich beugen. Wenn deine Seele also ein Alarmsignal wie beispielsweise eine Krankheit, einen Unfall oder eine finanzielle Katastrophe braucht, muss dein Engel liebevoll und mitfühlend, aber tatenlos daneben stehen und darf dir diese Erfahrung nicht vorenthalten.

Eine Seminarteilnehmerin erzählte uns, wie sie bei Glatteis auf der Autobahn ins Schleudern gekommen war. Das Auto war außer Kontrolle geraten und wäre beinahe in die Leitplanke hineingeschlittert. Fassungslos beobachtete sie, wie ein Engel das Steuer übernahm. Das Auto drehte sich um 90 Grad und fuhr auf der richtigen Spur der Autobahn weiter, als sei nichts geschehen. Dann verschwand der Engel wieder.
Engel retten dich häufig aus Gefahren; aber es kommt nur selten vor, dass du sie dabei siehst oder dir ihrer Gegenwart bewusst bist.

Ein Farmer erzählte mir, dass er einmal große geschäftliche Probleme hatte. Alles schien schief zu gehen, und er war sehr verzweifelt. Zu allem Überfluss brachen in einer windigen Nacht auch noch die Kühe aus ihrem Gatter aus. Er tappte in die Dunkelheit hinaus und suchte stundenlang nach ihnen; aber es gelang ihm nicht, sie alle zurückzutreiben. Schließlich kauerte er sich erschöpft im Schuppen nieder und stützte den Kopf in die Hände.
Im Einschlafen spürte er plötzlich, wie ihn von hinten eine Hand berührte, und hörte eine Stimme sagen: »Es wird alles gut.« Er wusste, dass das sein Schutzengel war – und tatsächlich lief in seinem Leben von diesem Augenblick an wieder alles so, wie er es sich wünschte.

Drittens kann dein Engel dir helfen, wenn du ihn darum bittest. Er kann dich allerdings nicht vor den Folgen deiner Dummheit, Habgier oder Unbesonnenheit retten; wenn du also beispielsweise jemanden heiratest, der überhaupt nicht zu dir passt, oder dein Geld in ein riskantes Projekt investierst, dann musst du auch die Konsequenzen tragen. Kein höheres Wesen würde dir dein Karma abnehmen, denn es ist eine Chance, dich weiterzuentwickeln. Doch sobald du durch deine Erfahrung innerlich gewachsen bist und deine Lektion gelernt hast, kannst du deinen Engel bitten, die Auswirkungen deiner falschen Entscheidungen und Handlungen abzumildern. Dann wird er dir helfen, neue und bessere Erfahrungen in dein Leben zu ziehen.

Die Engelwesen helfen dir auch im täglichen Leben und ebnen dir den Weg, wenn du sie um Hilfe bittest. Gewöhne dir an, nicht nur um große, sondern auch um kleine Dinge zu bitten. Du wirst über die Resultate erstaunt sein.

Es ist von Bedeutung, auf welche Art und Weise man die Engel um etwas bittet. Ich bekomme Hunderte von Briefen von Leuten, die mir schreiben, dass sie dauernd verzweifelt versuchen, mit ihrem Engel Kontakt aufzunehmen. Manchmal schreien sie laut um Hilfe oder schluchzen vor Verzweiflung. Das heißt, sie benehmen sich wie quengelnde Kinder, die ein Eis haben möchten. Sie bitten die Engel, ihr Ego zu befriedigen.

Wenn du deinen Engel um Hilfe bitten möchtest, dann lasse deine Bitte aus deinem ruhigen, weisen Zentrum entspringen. Vertraue darauf, dass sie auf deine Bitte reagieren und dir helfen werden. Dann wirst du auch Unterstützung finden.

Oft bringen Schutzengel auch Menschen zusammen und koordinieren ihre Bedürfnisse miteinander.

Greg fühlte sich total überlastet. Er brauchte dringend einen neuen Programmierer, weil der bisherige Mitarbeiter aus seiner Firma ausgeschieden war, hatte aber noch nicht einmal die Zeit gefunden, eine Annonce in die Zeitung zu setzen. Da fielen ihm plötzlich die Engel ein. Er schloss die Tür, machte die Augen zu und sagte ihnen klar und deutlich, welche Hilfe er brauchte. Ein paar Minuten später klingelte das Telefon. Fast wäre er gar nicht hingegangen, weil er so beschäftigt war. Doch es hörte nicht auf zu klingeln, und als er schließlich den Hörer abnahm, stellte er fest, dass am anderen Ende der Leitung genau der Mann war, den er suchte und der auf Umwegen erfahren hatte, dass in seiner Firma eine Stelle frei war. Dieser Mann hatte genau die Qualifikation und Berufserfahrung, die er für diesen Job brauchte. Und was am wichtigsten war: Er konnte sofort anfangen.

Eine Frau erzählte mir die folgende Geschichte: Der Springbrunnen in ihrem Gartenteich war defekt und sie hatte Angst, ihre Fische würden an Sauerstoffmangel sterben. Mehrere Leute versuchten den Brunnen zu reparieren, aber es gelang nicht. Traurig ging sie zu Bett und rechnete damit, dass am nächsten Morgen alle Fische tot an der Wasseroberfläche treiben würden. Doch ehe sie einschlief, bat sie die Engel um Hilfe; und als sie am nächsten Morgen erwachte, hörte sie Wasser plätschern. Ihre Fische waren gesund und munter, und der Springbrunnen hat seitdem stets tadellos funktioniert.

Wenn die Engel dir nach dem Spirituellen Gesetz helfen können, werden sie es tun. Wenn nicht, musst du dein Problem selbst auf physische Weise lösen. Das ist dann deine Herausforderung – etwas, was du lernen musst. Also gewöhne dir an, erst einmal die Engel um Hilfe zu bitten, ehe du einen Klempner, Mechaniker oder Freund anrufst. Das kostet nichts, erspart dir viel Frustration und stärkt deinen Glauben.

Rufe in dem Augenblick um Hilfe, in dem du eine Gefahr spürst – für dich selbst oder für einen anderen Menschen. Die Engel werden tun, was sie können. Die folgende Geschichte haben mir Seminarteilnehmer erzählt:

Bronwen machte Urlaub und ging gerade im Park ihres Hotels spazieren. Ihre kleine Tochter planschte im Swimmingpool herum. Da spürte sie plötzlich einen dumpfen, alarmierenden Schlag in ihrem Solarplexus und wusste, dass ihr Kind in Not war. Sofort rief sie nach den Engeln und bat sie, ihrer Tochter zu helfen. Dann lief sie zum Swimmingpool.

Das Mädchen befand sich in der Mitte des Schwimmbeckens. Sie hatte Wasser geschluckt, keuchte und prustete und drohte unterzugehen. Da spürte die Kleine plötzlich, wie sie von unsichtbaren Händen hochgehoben und zu der Leiter am Rand des Swimmingpools getragen wurde. In diesem Augenblick erschien ihre Mutter und konnte sie wohlbehalten aus dem Wasser fischen.

Die Engel kümmern sich um dich, wenn du sie darum bittest – auch wenn du gar nichts davon siehst oder spürst.

Als Carlyn Rafferty mein Buch Der Engel-Ratgeber *las, beschloss sie, die Engel um Schutz für sich, ihren Mann und ihren zweijährigen Sohn Lewis zu bitten.*
Ein paar Tage später stolperte Lewis und stürzte mit dem Kopf durch eine Glastür. Carlyn sammelte die Glassplitter von ihm ab. Der Junge hatte keine einzige Schnittwunde und blutete nicht, obwohl die Glasscheibe ganz zersplittert war. »Das muss das Werk seines Schutzengels gewesen sein«, schrieb sie mir.

John erzählte mir, wie er einmal mitten in der Nacht aufwachte und merkte, dass sein Bruder nicht zu Hause war. Intuitiv spürte er, dass irgendetwas nicht in Ordnung war. Wir alle besitzen einen solchen untrüglichen Instinkt. Also sandte er die Engel aus, um seinem Bruder zu helfen.
Als er am nächsten Morgen hinausging, sah er das Motorrad seines Bruders vor dem Haus stehen. Es war übel zugerichtet. Später erzählte sein Bruder ihm, er sei mit einem Auto zusammengestoßen, aber plötzlich emporgehoben und ganz sanft auf den Boden gelegt worden. Er war vollkommen unverletzt.

Wenn du für einen anderen Menschen um Hilfe bittest, bauen die Gedanken, die du aussendest, eine Lichtbrücke, über die die Engel gehen können, um dieser Person beizustehen.
Ich musste lächeln, als ein Freund mir erzählte, was die Putzfrau in seinem Büro immer sagt: »Natürlich gibt es Schutzengel. Ohne sie hätte keiner meiner Söhne überlebt.«

DIENST AN UNSEREM PLANETEN

Setze dich ganz ruhig hin, und gib den Engeln die Anweisung, Menschen in Not zu helfen.

KAPITEL 3

Wie man mit dem Engel eines anderen Menschen spricht

Dein Schutzengel ist im Besitz des Plans, den Gott für dich hat. Das heißt, er weiß von den höchsten Möglichkeiten, die dir in diesem Leben offen stehen. Und er steht immer neben dir und übermittelt dir Informationen, wie du alles in deinem Leben perfekt bewältigen kannst.

Er kann dir auf tausenderlei Weise helfen; aber du musst ihn erst einmal darum bitten. Denn nach dem Spirituellen Gesetz darf kein Lichtwesen irgendetwas an deiner Situation ändern, wenn du es nicht darum bittest. Du brauchst nur zuzuhören. Die Liebe und Führung der Engel steht dir immer zur Verfügung.

Dein Schutzengel steht neben dir, ohne dich zu beurteilen. Geduldig sieht er zu, wie du Entscheidungen triffst, die alles andere als sinnvoll sind, dich mit jemandem streitest oder in einem bestimmten Bereich deines Lebens nichts als Unheil anrichtest. Er kann dir nur seine Ratschläge von einer höheren Warte aus zuflüstern und darauf vertrauen, dass du eines Tages auf ihn hörst.

Auch deine Freunde, Bekannten, Kollegen und Angehörigen haben Schutzengel, die ihnen ihren perfekten göttlichen Plan vor Augen halten. Wenn dein Schutzengel mit diesen anderen Engeln zusammenarbeitet, können erstaunliche Dinge geschehen. Wenn du eine Auseinandersetzung mit jemandem hast, solltest du dich einmal ganz ruhig hinsetzen und deinen Schutzengel bitten, mit dem Engel dieses Menschen zu sprechen. Dabei spielt es keine Rolle, ob es sich um ein großes Problem oder nur um eine Kleinigkeit handelt.

Natürlich wird kein Engel dem anderen deinen Zorn, deine Ängste, verletzten Gefühle oder irgendwelche anderen negativen Energien übermitteln. Auch verzweifelte, gefühlsbetonte Bitten helfen dir nicht weiter. Achte darauf, ganz ruhig und in deiner Mitte zu sein, ehe du eine Bitte aussprichst, und habe stets nur das Höchste und Beste im Auge – dann kannst du sicher sein, dass die beteiligten Engel alles tun werden, was in ihrer Macht steht. Aber sie können natürlich niemanden zwingen, auf sie zu hören.

Bei einem meiner Vorträge machten wir einmal folgende Übung: Ich bat alle Anwesenden, die Augen zu schließen und an jemanden zu denken, mit dem sie gern besser auskommen würden. Dann sollten sie ihrem Schutzengel sagen, dass sie ihr Problem mit diesem Menschen gern lösen und wieder eine harmonische Beziehung zu ihm aufbauen würden. Als Nächstes sollten sie ihren Engel bitten, dem Schutzengel der anderen Person eine versöhnliche, liebevolle Botschaft zu senden.

Ein paar Tage später erzählte ein Mann mir, er habe große Probleme mit einer Frau, die meinen Vortrag ebenfalls gehört hatte. Sie ignorierte ihn entweder völlig oder war so schroff und kurz angebunden zu ihm, dass es fast schon unhöflich wirkte. Also bat er seinen Schutzengel, mit dem Engel dieser Frau zu reden und bei der Lösung des Problems zu helfen. Am Ende meines Vortrags kam sie tatsächlich auf ihn zu, legte ihm die Hand auf den Arm und war sehr charmant zu ihm.

Ein paar Tage später musste er zu einer Besprechung, an der ein Kollege teilnahm, der ihn nur dann eines Blickes oder Wortes würdigte, wenn es sich absolut nicht vermeiden ließ. Also bat er seinen Schutzengel im Stillen, diesem Mann eine Botschaft des Friedens und der Freundschaft zu übermitteln. In der Pause lächelte der Kollege ihn an und rief ihm zu: »Soll ich Ihnen eine Tasse Kaffee mitbringen?«

Wenn du deinen Schutzengel bittest, mit dem Engel eines anderen Menschen zu kommunizieren, kann das die lästigen Mückenstiche und schmerzhaften Wespenstiche lindern, die sich in unseren zwischenmenschlichen Beziehungen häufig so störend bemerkbar machen.

In einem Seminar baten wir unseren Schutzengel, mit dem Engel einer anderen Person über etwas zu sprechen, was uns sehr wichtig war.

Ein paar Wochen später bekam ich einen Brief von einer Frau, deren drei erwachsene Stiefkinder sie nicht akzeptierten. Sie besuchten sie und ihren Mann nie, und wenn sie ihr begegneten, verhielten sie sich unhöflich und oft sogar beleidigend. Das bereitete dieser Frau großen Stress und Kummer und störte die familiäre Harmonie.

Als sie an unserem Seminar teilnahm, war sie an einem Punkt angelangt, an dem sie nicht mehr weiterwusste. Sie erzählte ihrem Schutzengel von dem Problem und forderte ihn auf, mit den Engeln ihrer drei Stiefkinder zu sprechen, ihnen eine Botschaft der Liebe und Anerkennung zu senden und ihnen klar zu machen, dass sie die Verteidigungsmauern, die sie gegen sie errichtet hatten, ruhig fallen lassen könnten. Sie wolle ihnen ja gar nicht wehtun und auch nicht den Platz ihrer Mutter einnehmen. Außerdem bat sie die Schutzengel der drei Stiefkinder, ihnen eine freundschaftliche Hand entgegenzustrecken.

Die Frau hatte schon seit einiger Zeit keinen Kontakt mehr zu den Kindern ihres Mannes gehabt. Umso erstaunter war sie, als beide Stieftöchter sie am nächsten Tag anriefen und ein sehr zwangloses, nettes Gespräch mit ihr führten. Ein paar Tage später schickte ihr Stiefsohn ihr eine E-Mail und kündigte seinen Besuch an. Sie kommunizierte weiterhin durch ihren Schutzengel mit den drei Stiefkindern, und der Besuch des Stiefsohns war ein voller Erfolg.

Engel können Türen öffnen, die verschlossen zu sein scheinen.

Eine andere Frau setzte die Kommunikation zwischen Schutzengeln mit noch erstaunlicheren Resultaten ein. Schon seit sieben Jahren war sie an ihrem Arbeitsplatz gänzlich überlastet. Die ständigen Auseinandersetzungen, die sie deswegen mit ihrem Chef hatte, hatten bisher nichts an der Situation geändert.
Also erzählte sie ihrem Schutzengel davon und beauftragte ihn, dem Engel ihres Chefs die Botschaft zu übermitteln, dass sie wirklich Hilfe brauchte. Das geschah an einem Sonntag. »Als ich am Montag wieder an meinem Arbeitsplatz saß«, schrieb sie mir, »kam mein Chef schon nach einer Stunde zu mir, erklärte mir, dass ich einen Assistenten bräuchte, und fragte mich, welchen Mitarbeiter ich mir denn zu meiner Entlastung wünschte. Leider, so sagte er, habe er an diesem Morgen nicht eher auf mich zukommen können, weil er in einer Besprechung gewesen sei.«
Dann vertraute er ihr an, dass ihm diese Idee am Vorabend gekommen sei! Schon eine Woche später hatte sie ein größeres Büro und einen Assistenten.

Es dauert nur ein paar Sekunden, deinen Engel um einen solchen Hilfsdienst zu bitten – und die Ergebnisse können ganz erstaunlich sein.

Es muss sich dabei nicht unbedingt um einen Menschen handeln, den du kennst. Du kannst deinen Schutzengel auch bitten, mit dem Engel des Bundeskanzlers oder eines Terroristen oder des Chefs eines großen Unternehmens zu sprechen und diesem zu helfen, Entscheidungen zum höchsten Wohl der Menschheit zu treffen oder sich für humanitäre Zwecke einzusetzen.
Wenn du durch göttliche Kräfte mit Menschen kommunizierst, wirst du selbst zu einem strahlenden Licht.

DIENST AN UNSEREM PLANETEN

Setze dich ganz ruhig hin, und fordere deinen Schutzengel auf, mit dem Engel eines Menschen zu sprechen, der auf dieser Welt großen Einfluss hat und von dessen Entscheidungen das Wohl vieler Menschen abhängt.
Du kannst deinen Engel zum Beispiel bitten, diesen Menschen an Umwelt- oder Gesundheitsprobleme oder an die Armut bestimmter Bevölkerungsgruppen zu erinnern, ihm politische Integrität oder eine höhere Seinsweise einzugeben.

KAPITEL 4

Engel-Signale

Engel bedienen sich oft scheinbarer Zufälle, um dich auf ihre Gegenwart aufmerksam zu machen und dir Hinweise für deinen Lebensweg zu geben. Außerdem treiben sie bestimmte Projekte auf geheimnisvolle, wunderbare Art und Weise voran. Das zeigt zum Beispiel die folgende unglaubliche Geschichte von einem immer wiederkehrenden Traum, der einen meiner Freunde zu seiner Lebensaufgabe hinführte:

Mein Freund Ken Peacock litt an einer schmerzhaften Schultersteife. Er ließ sich von einer Geistheilerin behandeln, die zu ihrem großen Erstaunen sah, dass ein Engel ihre heilende Energie abfing, sodass sie die Schulter meines Freundes nicht erreichen konnte. Die Geistheilerin hatte bis dahin noch nie einen Engel gesehen. Sie erklärte Ken, er müsse nach einem anderen Weg suchen, um Heilung zu finden. Daraufhin ging Ken zu seinem Arzt, der die Diagnose bestätigte und ihn zur Physiotherapie an ein Krankenhaus überwies.

Ken war noch nie in diesem Krankenhaus gewesen. Als er es sich nach seiner Behandlung von außen ansah, stellte er fest, dass es ein einstöckiges Gebäude war. Alle

Stationen waren voneinander abgetrennt wie Züge. *Ken erkannte das Gebäude sofort. Es war ihm schon seit dreißig Jahren immer wieder in einem lebhaften Traum erschienen.* In dem Traum war es ihm stets so vorgekommen, als gehöre ihm das Gebäude. Er hatte es deutlicher vor seinem geistigen Auge gesehen als sein eigenes Haus und schon seit Jahren danach gesucht.
Nun hatte er es gefunden – dank seinem Schutzengel. Doch zu seiner Bestürzung erfuhr er, dass nur noch die Abteilung für Physiotherapie geöffnet war. Alle anderen Stationen waren im Rahmen einer Zentralisierungsmaßnahme geschlossen worden. Dieses wunderschöne, von prächtigen alten Bäumen umstandene Krankenhaus sollte abgerissen und das Grundstück als Bauland verkauft werden. Es gehörte einer Gesundheitsbehörde, die mehrere Millionen Pfund für den Bau zweier hochmoderner Operationssäle ausgegeben hatte, die jedoch nie benutzt worden waren.
Da beschloss Ken, dieses Krankenhaus zu retten, das er in seinen Träumen schon so oft gesehen hatte. Er arbeitete einen Plan aus, wie man dieses schöne Gebäude als erfolgreiches, profitables Krankenhaus nutzen könne. Als der Plan fertig war, rief er den Vorstandsvorsitzenden der Krankenhausverwaltung an und erfuhr, dass die Gesundheitsbehörde alle Pläne zur Rettung des Krankenhauses abgelehnt habe, ohne überhaupt mit dem Vorstand darüber diskutiert zu haben.

Ken erzählte dem Vorstandsvorsitzenden von seinem Plan. Dieser erklärte sich sofort bereit, sich mit ihm zu treffen und den Plan durchzusprechen. Vielleicht würden diese neuen Ideen die Gesundheitsbehörde ja überzeugen, ihre Entscheidung noch einmal zu überdenken. Als Ken den Hörer auflegte, riss er die Arme nach oben und schrie: »Ja!« Seine Schulter war vollkommen frei beweglich, und er hat seitdem nie wieder Probleme damit gehabt.

Inzwischen ist der Kampf um das Krankenhaus in vollem Gang, und der Leiter der Gesundheitsbehörde trifft sich regelmäßig mit dem Vorstand, um die neuen Pläne zu besprechen. Diese Geschichte hat jedoch noch einen ganz besonderen Hintergrund, den ich unbedingt erwähnen muss. Ken hat mich zu einem Rundgang durch das Krankenhaus eingeladen, und ich stellte fest, dass das ganze Gelände eine starke heilende Energie ausströmt. Und als wir dort spazieren gingen, nahmen die Wolken über uns deutlich sichtbar die Gestalt von Engeln an!

Die Engel hatten sogar bei meiner Begegnung mit Ken und bei der Art, wie ich von dem Krankenhaus erfuhr, ihre Hand im Spiel. Ken ist ein sehr begabter Heiler und behandelte gerade eine Patientin in der Klinik, wo er in seiner Freizeit kostenlos arbeitet. Am Ende dieser Sitzung, so erzählte die Patientin ihm, hätten sich Engel um sie geschart und sie mit in den Himmel emporgenommen, wo sie ein wunderbares Erlebnis gehabt habe. Er solle doch einmal eines meiner Bücher lesen. Sie bot ihm zwei Bücher von mir zur Auswahl an, die sie zufällig dabeihatte. Er entschied sich für *Der Engel-Ratgeber*.

Am nächsten Tag besuchte er eine Bekannte, die plötzlich sagte, das Zimmer sei voller Engel. Da erzählte er ihr von seinem Erlebnis vom Vortag und sagte: »Ich würde Diana gern einmal kennen lernen.« Die Freundin erklärte ihm, dass ich in ein paar Tagen in der Nähe des Ortes, wo er wohnte, einen Vortrag halten würde. Er kam zu dem Vortrag und lud mich anschließend zu einer Führung durch das Krankenhaus ein.

Manchmal geben die Engel dir auch physische Gegenstände in die Hand, um dich daran zu erinnern, dass sie dir immer beistehen.

Nina Dickerson lebte mit ihrem Mann in Italien. Er hatte über lange Zeit hinweg viel Stress gehabt und war sehr krank. Die meisten Freunde, die Nina bis dahin inneren Halt gegeben hatten, waren mittlerweile fortgezogen; sie fühlte sich einsam und war ziemlich verzweifelt.

Draußen herrschte glühende Hitze, und sie und ihr Mann waren beide total erschöpft. Außerdem waren sie im Begriff, zurück nach England zu ziehen, und sammelten Pappkartons, in die sie ihre Sachen verpacken konnten. Eines Morgens, als Ninas Mann gerade einen Karton aus einem Lebensmittelladen im Kofferraum des Autos verstaute, um ihn mit nach Hause zu nehmen, blickte sie, einem plötzlichen Impuls folgend, in sich hinein und bat um ein Zeichen für sie beide.
Dann fuhren sie heim und suchten Zuflucht in der Kühle ihres Hauses. Erst später kehrte Ninas Mann zum Auto zurück, um den Karton zu holen. »Schau mal«, sagte er überrascht zu ihr. Ganz unten in dem Karton lagen zwei Engel aus Porzellan mit goldenen Flügeln. Da wusste Nina, dass dies das Zeichen war, um das sie gebeten hatte. Noch heute stehen die beiden Engel als Erinnerung an dieses Erlebnis auf ihrer Fensterbank.

Manchmal, wenn wir die Engel um Hilfe anrufen, geben sie uns innere Bilder oder eine Vision ein, um uns zu zeigen, dass sie unsere Entscheidung für gut halten.

Teena war Rechtsanwältin, wollte aber einen anderen Beruf ergreifen. Eines Morgens zog sie die Engelkarte »Wahrheit«. An diesem Tag gab sie ihren Beruf auf, und noch am selben Abend hatte sie beim Tanzen plötzlich eine klare, lebhafte Vision vor Augen.
Ein Schmetterling flatterte auf einen Goldbarren und kroch in ein schwarzes Loch, in dem er erstickte und starb. Als Nächstes sah sie den Schmetterling frei in der Natur umherfliegen und Pollen aus Blüten sammeln. Er lebte in Harmonie mit sich und der Welt und hatte alles, was er brauchte. Da wusste sie, dass die Engel ihren Entschluss, ein neues Leben anzufangen, guthießen.

Wenn du ehrlich und aufrichtig eine Frage stellst, wirst du auch eine Antwort erhalten. Du musst nur offen dafür sein. Vielleicht kommt die Antwort in Form eines Buches oder eines Satzes, den jemand zu dir sagt, vielleicht aber auch durch das Radio oder Fernsehen. Die Antwort kann dir plötzlich einfallen oder im Traum offenbart werden. Irgendwie werden die Engel sie dir zukommen lassen.

Als ich in Kapstadt Seminare über Engel gab, erzählte eine Seminarteilnehmerin, Paulette, dem Veranstalter hinterher:

»Ich habe den ganzen Nachmittag auf meinem Bett gesessen und meditiert. Ich war sehr deprimiert und habe ständig den Satz wiederholt: ›Warum gibt es keine Antworten? Warum gibt es keine Antworten?‹ Da hat plötzlich ein Freund angerufen und gesagt: ›Stell das Radio an.‹ In der Radiosendung hörte ich Diana über Engel sprechen. Da versuchte ich mich sofort telefonisch für das Seminar anzumelden. Aber man erklärte mir bedauernd, es seien keine Plätze mehr frei. Plötzlich sagte mir eine innere Stimme klar und deutlich, ich solle direkt zum Seminarveranstalter fahren und mich vor Ort erkundigen. Ich tat es und erfuhr, dass gerade zwei Seminarteilnehmer ihre Anmeldung storniert hatten.«

Paulette fügte noch hinzu, sie wisse genau, dass die Engel diesen »Zufall« herbeigeführt hätten.

Achte auf solche Signale. Höre auf die leise Stimme der Inspiration, Hoffnung und Führung von deinem Engel. Dann wirst du deinen Lebensweg gehen können, ohne dich zu verirren.

DIENST AN UNSEREM PLANETEN

Denke an jemanden, der eine Bestätigung braucht, der unsicher oder im Zweifel ist. Fordere die Engel auf, diesem Menschen ein deutliches Zeichen ihrer Anwesenheit zu geben.
Achte auch darauf, welche Signale andere Menschen empfangen, und erkläre ihnen deren Bedeutung.

KAPITEL 5

Federn

Engel machen dich oft durch kleine weiße Federn auf sich aufmerksam. Dein Engel wünscht sich so sehr, dass du mit ihm sprichst und seine Gegenwart spürst; und er würde dich so gern berühren. Wenn er dich nicht anders erreichen kann, schickt er dir vielleicht eine kleine weiße Feder, um dir mitzuteilen, dass er gespürt hat, wie sehr du dich danach sehnst, Kontakt mit ihm aufzunehmen. Ich erhalte viele Briefe wie den folgenden: »Seit der Teilnahme an Ihrem Engel-Seminar habe ich eine viel engere, persönlichere Beziehung zu meinem Schutzengel entwickelt. Doch als ich am Abend nach dem Seminar nach Hause fuhr, fest davon überzeugt, dass ich meinen Engel sehen oder dass er sich mir auf irgendeine andere Weise offenbaren würde, geschah – nichts. Als ich am nächsten Morgen erwachte, war ich sehr enttäuscht und sagte in Gedanken zu meinem Engel: ›Typisch! Du willst, dass ich ein spirituelles Leben führe, und hast nicht mal eine Feder für mich übrig!‹ Und siehe da – direkt neben meinem Fuß lag plötzlich eine kleine weiße Feder auf dem Boden.«

Oft wünschen wir uns, dass die Engel uns die Herausforderungen abnehmen, mit denen wir im Leben zu kämpfen haben. Das können sie nicht tun. Aber sie werden uns daran erinnern, dass sie stets da sind, um uns aufzufangen.

Margaret war Heilpraktikerin und glaubte fest daran, dass man natürliche Heilmethoden einsetzen müsse, wann immer es möglich ist. Eines Tages entdeckte sie einen Knoten in ihrer Brust, und die Ärzte eröffneten ihr, er müsse operativ entfernt werden. Sie versuchte es mit allen alternativen Heilmethoden, die es gab, aber der Knoten wurde nicht kleiner. Da beschloss sie schweren Herzens, sich doch operieren zu lassen. Nachdem sie diese Entscheidung getroffen hatte, ging sie auf die Krankenhaustoilette. Da fiel plötzlich aus dem Nirgendwo eine kleine weiße Feder auf ihre Schulter.

Aus Operationen können wir vieles lernen: zum Beispiel, Geduld zu haben, unser Schicksal anzunehmen und uns in das Unvermeidliche zu ergeben; aber auch, uns von anderen Menschen pflegen und versorgen zu lassen und zu erleben, wie es ist, abhängig zu sein. Vielen Menschen fällt es leicht, anderen etwas zu geben; doch wenn wir hilflos sind, müssen wir von anderen Hilfe und Zuwendung empfangen. Durch eine Operation kannst du lernen, wer dich wirklich mag und wie sehr du geliebt wirst. In der Rekonvaleszenz bist du gezwungen, dich auszuruhen, was du dir sonst vielleicht nie erlauben kannst. Du lernst etwas über deine eigene physische Schwäche und Stärke. Die Feder verriet Margaret, dass die Operation richtig für sie war und dass die Engel ihr beistehen würden.

Die Engel lassen ständig Federn zu uns hinunterschweben, um uns Zeichen zu geben. Wenn ich auf einem Spaziergang eine kleine weiße Feder auf dem Boden sehe, versuche ich mich daran zu erinnern, woran ich gerade gedacht habe. Denn ich weiß, dass die Engel mir damit sagen wollen, dass sie meinen Gedanken gutheißen und segnen.

Ähnlich ist es mit den sonderbaren »Zufällen« im Leben. Während ich dies schrieb, rief mich eine Freundin an und erzählte mir, als sie vor ein paar Tagen mein Haus verlassen habe, sei auf der Autobahn ein Verkehrsstau gewesen. Sie hatte einen Termin, zu dem sie unbedingt pünktlich erscheinen wollte.
An der nächsten Autobahnausfahrt überlegte sie, ob sie die Autobahn verlassen und lieber über die Landstraße fahren sollte. Kaum war ihr dieser Gedanke gekommen, da flatterten auch schon mehrere kleine weiße Federn um ihr Auto herum. Sie erkannte das als deutlichen Hinweis von ihren Engeln, nahm die Ausfahrt und war eine halbe Stunde später zu Hause – genau rechtzeitig zu ihrem Termin.
Achte auf die Signale der Engel; dann wird alles in deinem Leben leichter und reibungsloser verlaufen.

Bei einem abendlichen Vortrag über Engel erwähnte ich, dass kleine weiße Federn ein Zeichen für die Gegenwart von Engeln sind. Am nächsten Tag hatte ich die Nachricht eines Mannes auf meinem Anrufbeantworter, der meinen Vortrag gehört hatte. Er sagte, er sei hinterher noch mit ein paar anderen Zuhörern in ein Bistro gegangen, und beim Essen hätten sie über Engel diskutiert. Und als sie aufgestanden seien, habe mitten auf dem Tisch eine kleine weiße Feder gelegen. Es sei ein abwischbarer, bunter Tisch gewesen, und er sei vollkommen leer gewesen, bevor sie sich hinsetzten. Die Männer waren außer sich vor Begeisterung darüber, dass die Engel ihnen so rasch ein Zeichen ihrer Gegenwart gegeben hatten.

Als ich ein Rundfunkinterview gab, an dem sich Hörer per Telefon beteiligen konnten, rief ein aufgebrachter Zuhörer an. Seine Frau sehnte sich nach einem Zeichen der Engel. Einmal hatte sie eine kleine weiße Feder auf dem Fensterbrett ihrer Wohnung gefunden und war ganz aus dem Häuschen gewesen. Als ihr Mann daraufhin aus dem Fenster schaute, sah er einen toten Vogel auf dem Rasen liegen. »Die Feder muss zu uns hereingeflogen sein, als das Fenster offen war. Wenn ich den toten Vogel nicht gesehen hätte, würde sie jetzt glauben, dass es ein Engel war!«, schrie er wütend ins Telefon.

Engel zaubern nicht unbedingt Federn aus dem Nichts hervor. Natürlich könnten sie das tun – aber wozu diese Zeitverschwendung? Wenn in der Nähe irgendwo eine Feder herumliegt, lassen sie sie einfach an den richtigen Ort wehen.
Und wie überall im Leben ist natürlich auch ein bisschen gesunder Menschenverstand gefragt. Wenn du am Ufer eines Sees spazieren gehst, wo es viele Enten und Schwäne gibt, flattern dort natürlich auch eine Menge Federn herum. Das muss nicht unbedingt ein Zeichen für die Gegenwart von Engeln sein – obwohl es natürlich durchaus möglich ist, dass Engel in der Nähe sind.

Du kannst deinen Engel bitten, dir ein Zeichen zu geben.

Eine Verlegerin erzählte mir einmal, dass sie eine schwierige Entscheidung über ein Buchprojekt zu treffen hatte. Das Projekt war ziemlich chaotisch verlaufen, und sie wusste nicht, was sie tun sollte. Also sagte sie den Engeln, dass sie Hilfe brauchte. Sie bat sie, ihr mitzuteilen, was passieren würde, wenn sie beschloss, das Buch zu veröffentlichen. Nachdem sie ihr Problem in die Hände der Engel gelegt hatte, fiel sie zum ersten Mal seit Tagen in einen tiefen Schlaf. Am Morgen lag eine kleine weiße Feder auf ihrem Nachttisch. Die Veröffentlichung des Buches ging reibungslos über die Bühne.

Die folgende Geschichte hat mich ganz besonders fasziniert:

Addie erzählte mir von einer Situation in ihrem Leben, die ihr große Sorgen bereitete. Sie fühlte sich hilflos und von anderen Menschen unter Druck gesetzt und wusste nicht, was sie tun sollte. Dann hörte sie sich meine Engelkassette an und begann die Engel um Hilfe zu bitten. Zwei Tage später wachte sie nachts auf und sah viele kleine Engel rund um ihr Bett schweben. Es verblüffte sie, dass manche Engel schwarz und andere weiß waren; aber sie fühlte sich ganz sicher und geborgen und entspannt in ihrer Gegenwart.
Am nächsten Tag entdeckte sie eine weiße Feder auf der Treppe und wusste: Das war ein Zeichen der Engel, dass

ihr Problem sich lösen würde. Sie hob die Feder auf, und bevor sie zu Bett ging, versteckte sie sie in einer Vase in ihrem Schlafzimmer. »Wenn ihr mir die Wahrheit gesagt habt, wird diese Feder morgen früh nicht mehr da sein«, sagte sie zu den Engeln. Und tatsächlich war die Feder am nächsten Morgen spurlos verschwunden. Addie suchte sie überall, aber sie war nirgends mehr zu finden.

Genau an diesem Tag klärte sich auch ihre schwierige Situation.

Seitdem wacht Addie öfters mitten in der Nacht auf und sieht, wie ihre Engel über sie wachen. Das gibt ihr ein Gefühl des Geliebtseins und der Geborgenheit. Inzwischen gibt sie ihre Erfahrungen mit Engeln an andere Menschen weiter.

In Addies Geschichte verbergen sich faszinierende Erkenntnisse über den Glauben. Die Engel wussten, dass Addie innerlich bereit war, ihre Botschaft unter den Menschen zu verbreiten, und bestätigten ihr, dass sie ihr aus ihrer schwierigen Lage heraushelfen würden, indem sie die Feder verschwinden ließen. Interessant sind auch die schwarzen und weißen Engel. Die Farbe, in der ein

Engel dir erscheint, hat eine besondere Bedeutung – das heißt, sie ist ein Symbol. Die Kombination von Schwarz und Weiß bedeutet normalerweise, dass ein Problem zwei Seiten hat – dass man keine extreme Ansicht vertreten, sondern lieber den goldenen Mittelweg wählen soll. Schwarz ist die weibliche oder Yin-Farbe und symbolisiert das Dunkle, Geheimnisvolle. Weiß ist die männliche oder Yang-Farbe und steht für Reinheit und Aktivität.

DIENST AN UNSEREM PLANETEN

Erzähle anderen Menschen, die offen für die Botschaft der Engel sind, bei jeder passenden Gelegenheit von der symbolischen Bedeutung der kleinen weißen Federn. Vielleicht verändert das ihr Leben.

KAPITEL 6

Engel-Berührungen

Wenn ich Menschen helfe, mit ihrem Schutzengel Kontakt aufzunehmen, erkläre ich ihnen stets, dass sie damit rechnen können, dass ihr Engel ihnen seine Gegenwart auf eine physisch greifbare Art zeigen wird.

Manche Menschen spüren, wie sich ihnen eine Hand auf die Schulter legt – so deutlich, dass sie es für eine menschliche Hand halten und sich umsehen. Wenn sie dann feststellen, dass niemand da ist, sind sie oft ganz fassungslos.

Manchmal machen Engel sich auch auf subtilere Art und Weise bemerkbar. Vielleicht spürst du, wie ein Flügel deinen Arm streift oder wie dir ein kühler Windhauch über das Gesicht weht; es kann aber auch ein plötzlicher Duft in der Nase sein, eine Stimmung des Friedens oder der Liebe oder das Gefühl, von Flügeln umfangen zu werden. Oft ist dieser Eindruck so flüchtig, dass du dich Sekunden später schon wieder fragst, ob du dir das alles nicht nur eingebildet hast. Du solltest solche Augenblicke in deinem Herzen bewahren; denn dein Engel hat sich wirklich große Mühe gegeben, dir dieses Erlebnis zu verschaffen, damit du seine Gegenwart spürst.

Wenn ich Menschen heile, sind sie hinterher oft felsenfest überzeugt, von vielen verschiedenen Heilern berührt worden zu sein – obwohl es in Wirklichkeit nur ich selbst war, und oft fasse ich meine Klienten beim Heilen nicht einmal an.

Während ich dies schrieb, bekam ich einen Brief von Linda Roberts, die einen meiner Abendvorträge gehört hatte. »Das Unglaublichste an deinem Vortrag war, dass ich dabei von einem Engel berührt wurde«, schrieb sie mir. »Am Anfang war ich ein bisschen skeptisch und glaubte nicht, dass ich so etwas erleben würde; doch ich spürte tatsächlich, wie etwas an meinem Bein entlangstrich.«

Als Frederica Montague während eines Seminars meditierte, spürte sie plötzlich die Berührung eines Engels und war so verblüfft, dass sie die Augen aufschlug. Tatsächlich stand ein großer weißer Engel vor ihr. Er berührte sie überall und zog Probleme und Glaubenssätze aus ihrem physischen, emotionalen, mentalen und spirituellen Körper heraus. Sie fühlte sich innerlich auf eine Weise emporgehoben, wie sie es noch nie erlebt hatte. Das war der Beginn einer großen Veränderung in ihrem Leben.

Oft berühren Engel dich auch, um dich davon zu überzeugen, dass alles in Ordnung ist.

Sharon Lewis brachte ihre kleine Tochter Aislin acht Wochen zu früh durch Kaiserschnitt zur Welt. Im Brutkasten fielen beide Lungen des Babys zusammen. Das Kind war schwer krank und schwebte dreimal in Lebensgefahr.
Beim dritten Mal, als Sharon um halb neun Uhr morgens neben dem Brutkasten saß, spürte sie plötzlich eine unsichtbare Hand auf ihrer Schulter. Da überkam sie ein großes Gefühl der Erleichterung, und sie wusste, dass ihre Tochter überleben würde.
Als ihr Mann kam, erzählte sie ihm, was passiert war. »Das ist wirklich merkwürdig«, antwortete er und berichtete ihr, er sei um die gleiche Zeit zum Frühstücken

in die Küche gegangen und habe gehört, wie ihr vierjähriger Sohn Lewis mit jemandem sprach, obwohl gar niemand da war.
»Mit wem redest du denn da?«, hatte er seinen Sohn gefragt.
»Mit den Engeln, Papa. Es wird alles gut. Sie wird gesund.«
Ihr Mann war fassungslos – doch von da an gedieh die kleine Aislin prächtig.

Die Engel trösten dich, wenn du Hilfe brauchst.

Heather schrieb mir, dass ihre Mutter sich einer Krebstherapie unterziehen müsse. Als sie im Krankenhaus auf die Untersuchungsergebnisse wartete und sehr besorgt und aufgeregt war, spürte sie plötzlich ganz deutlich, wie sich eine tröstende Hand auf ihre Schulter legte.

Glaube nicht, dass das alles nur Einbildung ist. Sei dir bewusst, dass die Engel bei dir sind und mit dir fühlen. Sie sehnen sich danach, dich in den Armen zu halten und dir zu helfen. Wenn du für ihre Berührung offen bist, wirst du sie auch spüren, und sie wird dir helfen und dich heilen.

Einer der seltsamen »Zufälle«, an die ich mich im Umgang mit den Engeln inzwischen schon gewöhnt habe, wollte es, dass ich, während ich dieses Kapitel schrieb, einen Brief von Robert Freeman erhielt. Er beschreibt, wie er von unsichtbaren Engelhänden massiert wurde:

Bob bastelte gerade etwas in seinem Haus und setzte sich hin, um sein Werk zu betrachten. »Ich erinnere mich noch ganz genau – das Radio war an, und auf dem Boden herrschte ein heilloses Durcheinander. Da spürte ich plötzlich zwei Hände auf meinem Rücken, die meine Wirbelsäule massierten und mich in totale Ekstase versetzten. Mein erster Gedanke war: ›Bilde ich mir das etwa nur ein?‹ Ich war allein im Haus, und der Stuhl, auf dem ich saß, hatte eine Lehne, durch die eine normale Massage gar nicht möglich gewesen wäre. Die Finger zwängten sich in die Zwischenräume zwischen meinen Wirbeln, was furchtbar schmerzhaft gewesen wäre, wenn es sich um menschliche Finger gehandelt hätte. Ich wollte aufstehen und das Radio ausschalten, weil gerade ein Lied gespielt wurde, das ich nicht mochte; aber dieses Gefühl der Ekstase war so wunderbar, dass ich mich nicht rühren konnte.

Während ich mich fragte, wie lange das wohl noch so weitergehen würde, begannen zwei andere Hände meinen Hinterkopf zu massieren, was mich in noch größere Verzückung versetzte.

Jetzt konnte ich die Bewegungen der Hände in Form weißer, wirbelnder Spiralen um mich herum wahrnehmen; und schließlich legten sich noch zwei weitere Hände auf meine Schultern. Sie verströmten ein wunderbares Gefühl der Hitze, die sich in meinem ganzen Rücken ausbreitete. Dann hörte die Massage genauso plötzlich wieder auf, wie sie begonnen hatte, und ich saß da, lauschte den Klängen aus dem Radio, betrachtete die Unordnung auf dem Boden und fragte mich: ›Ist das wirklich passiert oder habe ich mir alles nur eingebildet?‹ Aber die Hände fühlten sich genauso echt an wie Menschenhände – nur stärker und sanfter.«

Wenn du einen Engel bittest, jemanden – ob es nun ein Freund oder ein Fremder ist – mit seinen Flügeln zu umfangen, so wird er es tun. Selbst wenn es diesem Menschen gar nicht bewusst wird: Mit deiner Bitte ermöglichst du es seinem Schutzengel oder einem Liebes- oder Friedensengel, ihn liebevoll in den Armen zu halten.
Alle Menschen auf diesem Planeten, die Gewalt anwenden oder andere beherrschen, handeln aus irgendeiner Angst heraus. Statt solche Menschen zu verdammen, solltest du lieber die Engel bitten, sie mit ihren Flügeln zu umschließen und sanft hin und her zu wiegen. Auf irgendeiner Ebene ihres Wesens werden sie diese Berührung spüren. Erst wenn ein bösartiger Mensch sich sicher fühlt, kann er sein brutales Verhalten aufgeben und sein Herz höheren Möglichkeiten öffnen. Durch die Engel hast du die Möglichkeit, solchen Menschen zu helfen.

DIENST AN UNSEREM PLANETEN

Öffne dein Herz, und sende drei verschiedenen Menschen Engel. Bitte die Engel, jede dieser drei Personen zärtlich mit ihren Flügeln zu umfangen.
Einer dieser drei Menschen sollte jemand sein, den du gut kennst.
Der zweite sollte ein Fremder sein.
Als dritten Menschen wähle eine Person aus, die ihre Machtposition auf irgendeine Weise missbraucht.
Jedes Mal, wenn du das tust, wird dein Licht heller strahlen, und immer mehr Lichtwesen werden dich umgeben.

Kapitel 7

Für jedes Problem gibt es eine Lösung

Für jede Beziehung und jedes Problem gibt es eine perfekte Lösung. Die Antworten liegen in den höheren Dimensionen, und oft findet unser menschliches Ich keinen Zugang dazu. Um die Lösung zu finden, müssen wir die Situation in Gottes Hand oder in die Hände der Engel legen. Dann brauchen wir einfach nur in uns hineinzuhören und unserer Eingebung zu folgen.

Wir sind wie Kinder, deren Spielzeug kaputtgegangen ist. Wenn das Kind seinen Vater bittet, es wieder heil zu machen, wird er das gern tun. Er nimmt dem Kind das Spielzeug ab, repariert es und gibt es ihm heil zurück. Aber wenn das Kind das Spielzeug nicht hergeben will und es fest umklammert hält, kann der Vater es nicht reparieren.

Die meisten Menschen handeln so: Sie können ihre Sorgen und Probleme nicht loslassen. Verbissen klammern wir uns an unsere Beziehungen, und unsere Probleme gehen uns ständig im Kopf herum. Wir zermartern uns den Kopf über jede verfahrene Situation. So können die Engel uns nicht helfen. Wir bleiben in unserer Situation gefangen.

Doch sobald wir das Problem vertrauensvoll in ihre Hände legen, bieten die Engel uns gern eine höhere Lösung an. Natürlich bedeutet das, dass wir ihnen die Situation beschreiben und sie auffordern müssen, sich darum zu kümmern. Und anschließend lassen wir das Problem einfach los. *Das geht aber nur, wenn wir aufhören, uns Sorgen darüber zu machen.* Denn Sorgen sind das unsichtbare Band, welches das Problem immer wieder zu uns zurückzieht. Mach dir einfach keine Gedanken mehr darüber. Sprich nicht mehr davon. Ein Problem ganz und gar in die Hände einer höheren Macht zu legen, ist eine Prüfung für dein Vertrauen.

Heather und ihre Freundinnen waren auf der Suche nach einer neuen Unterkunft auf dem Universitätsgelände. Sie fragten überall herum und ließen nichts unversucht, aber es war nirgends etwas frei. Da beschlossen sie, sich jeden Abend zu treffen, eine Kerze anzuzünden und um die Unterkunft zu beten, die sie suchten.

Ein paar Tage später klopfte ein Mädchen an Heathers Tür und lud sie zur Teilnahme an einer Bibelgruppe ein, die sie gründen wollte. Sie kamen miteinander ins Ge-

spräch, und das Mädchen erzählte Heather und ihren Freundinnen von einem Haus für Studenten, das bald frei werden würde, gab ihnen die Adresse und riet ihnen, sich rasch dort zu melden.
Als das Mädchen fort war, gingen die Studentinnen sofort zu dem Haus. Es war nur zwei Minuten vom College entfernt. Die Besitzerin wollte am nächsten Tag eine Annonce in die Zeitung setzen, um nach neuen Mietern zu suchen. Die Miete war günstiger, als die Mädchen erwartet hatten. Sie zogen ein und lebten die nächsten drei Jahre glücklich und zufrieden in dem Haus.
Hinterher stellte sich heraus, dass die vorherigen Mieter keine Ahnung hatten, wer das Mädchen gewesen war, dem sie den Tipp verdankten. Niemand kannte sie oder wusste etwas von der Bibelgruppe, die sie gründen wollte.
Heather glaubt, dass die Engel ihre Gebete erhört und ihnen dieses Mädchen geschickt haben.

Selbst geistig sehr hoch entwickelte, bewusste Menschen vergessen manchmal, ihre Nöte in die Hände der Engel zu legen.

Eines Nachmittags besuchte mich mein Freund Grahame. Er erzählte mir, er müsse aus seiner Wohnung ausziehen, da er sich die Miete nicht mehr leisten könne. Er hatte vor, am nächsten Tag bei der Hausverwaltung anzurufen und zu kündigen. Ich erkundigte mich, wie hoch die Miete für seine nächste Wohnung denn sein dürfe, und er nannte mir einen Betrag, der so gering war, dass man dafür höchstens einen Schrank mieten konnte. Da fragte ich ihn, ob er das Problem den Engeln anvertraut habe. Er verneinte.
Oft ist es eine große Hilfe, noch zwei oder drei Menschen zu kennen, die die gleiche Vision vor Augen haben wie du selbst. Denn wenn dir einmal Zweifel kommen, geben sie dir mit ihrer Kraft den Glauben zurück. Das gilt auch für Probleme, die man den Engeln anvertraut. Also bot ich Grahame an, mich gemeinsam mit ihm auf sein Problem zu konzentrieren.
Er erzählte den Engeln von seiner Notlage und legte das Problem vertrauensvoll in ihre Hände. Ich ermahnte ihn, darauf zu achten, ob ihm irgendwelche Eingebungen kämen.
Ein paar Tage später rief er mich an und sagte, er habe

die Eingebung gehabt, seine Vermieterin anzurufen und ihr zu sagen, dass er bald ausziehen müsse. Er empfand es als ein Gebot der Höflichkeit, denn sie war immer sehr nett zu ihm gewesen. Sie fragte ihn nach dem Grund, und er erklärte ihr, er könne sich die Wohnung beim besten Willen nicht mehr leisten. Sie fragte ihn, wie viel die Wohnung denn kosten dürfe, und er nannte ihr die klägliche Summe, die er bezahlen konnte.
Eine halbe Stunde später rief sie zurück und erzählte ihm, sie habe in ihrer Jugend auch einmal finanzielle Probleme gehabt. Er sei ein guter Mieter gewesen, und sie möge ihn sehr gern. Sie sei bereit, ihm die Wohnung acht Monate lang zu der niedrigeren Miete zu überlassen. Dann würden sie sich wieder darüber unterhalten.
Grahame weiß: Wenn er sein Problem nicht den Engeln anvertraut hätte, so hätte er am nächsten Tag bei der Hausverwaltung gekündigt, und dann wäre er gezwungen gewesen, fortan in einem winzigen möblierten Zimmer zu leben. Engel können tatsächlich Wunder wirken.

Eine junge Mutter hatte großen Kummer wegen ihrer kleinen Tochter, die von einem Mitschüler schikaniert wurde. Sie sorgte sich pausenlos um das Kind. Wenn du dir Sorgen um die Menschen machst, die du liebst, umgibst du sie mit einer dunklen, schweren Wolke, die einen sensitiven Menschen für Krankheit und Schädigungen anfällig macht. Das ist so ungefähr das Sinnloseste, was man für einen Menschen tun kann, den man liebt.

Ich schlug ihr vor, das Problem in die Hände der Engel zu legen und dann einfach darauf zu vertrauen, dass sie ihr Kind schon beschützen würden. Das sah sie ein; also nutzte sie ihre Energie dazu, ihre Tochter mit einem goldenen Licht zu umgeben.

Als ich die Kleine das nächste Mal sah, machte sie schon einen viel glücklicheren Eindruck. Sie erzählte mir, dass der Mitschüler, der sie gequält hatte, nicht mehr an der Schule war.

Engel können Lösungen finden, die wir nie für möglich gehalten hätten.

DIENST AN UNSEREM PLANETEN

Wenn es ein Problem in deiner Stadt oder deinem Land gibt, erzähle den Engeln davon und bitte sie, eine perfekte Lösung zu finden. Dann löse dich von dem Problem.

Schließe dich mit anderen Menschen zusammen, um gemeinsam Probleme in die Hände der Engel zu legen. Ihr müsst euch gegenseitig darin bestärken, euch keine Sorgen mehr zu machen und einfach alles den Engeln zu überlassen.

KAPITEL 8

Kinder und Engel

Mir haben schon viele Kinder erzählt, dass sie Engel sehen können. Sie sprechen in ganz einfachen, klaren Worten davon. Die Kinder wissen, dass sie mir vertrauen können; deshalb beschreiben sie mir ganz sachlich und ohne jede Verlegenheit, was sie sehen und hören. Es ist wunderbar, zu sehen, wie ihre Augen leuchten, wenn sie von den Engeln sprechen.

Und doch erzählen mir so viele Eltern, wie schwer Kinder, die die anderen Dimensionen wahrnehmen, es in der Schule haben. Sie wagen nicht, etwas davon zu erzählen, damit die anderen sie nicht für verrückt halten und auslachen. Natürlich sind Kinder, die Engel sehen, auch in anderer Hinsicht sensibel und finden das Leben in dieser grobstofflichen Welt oft sehr schwer. Es ist an der Zeit, sie endlich mit Respekt und Ehrfurcht zu behandeln – als die besonderen Kinder, die sie in Wirklichkeit sind.

Es hat mich sehr ermutigt, als ein dreizehnjähriges Mädchen mir neulich berichtete, dass ihre Lehrerin ihnen von Engeln erzählt. Die Lehrerin hatte gefragt, ob eines der Kinder etwas über Engel wisse. Da hob Tiffany die Hand und erzählte, sie habe schon öfter welche gesehen. Nach dem Unterricht scharten die anderen Kinder sich um sie und hörten ihr fasziniert zu. Einige ihrer Mitschüler berichteten, dass sie die Engel und die Welt der Geistwesen auch wahrnähmen, sich bisher aber noch nie getraut hätten, es zuzugeben.

Ich führte ein faszinierendes Gespräch mit der siebenjährigen Josie. Sie hat schon immer Engelwesen gesehen. Josie richtete ihre großen Augen mit ernstem Gesicht auf mich und erzählte mir, sie sei ständig von Engeln umgeben; normalerweise seien es vier oder fünf. Ihr Schutzengel – so erzählte sie mir – wechsle ständig die Farbe, je nachdem, wie sie sich gerade fühle. Manchmal seien die Farben gedämpft, manchmal leuchtend. Ihr Engel spricht immer mit ihr und sagt ihr, was sie tun soll. Meistens tut sie es dann auch. Sie sagt, es sei so, als ob die Engel ihr Gedanken eingäben.

Die Engel helfen ihr auch oft in der Schule. Als ich sie fragte, wie sie das denn täten, erklärte sie mir, dass die Engel ihr helfen, ihren Stundenplan im Gedächtnis zu behalten und ihre Schulsachen zu finden.
»Bittest du sie auch manchmal um etwas?«, fragte ich sie.
»Ja. Wenn das Auto nicht anspringt, sage ich zu ihnen: ›Bitte macht das Auto wieder heil, sonst komme ich zu spät zur Schule.‹«
»Und funktioniert das?«, fragte ich.
»Immer.«
»Worum bittest du sie noch?«
»Ich bitte sie, meinem kleinen Bruder zu helfen, dass er sich besser benimmt und dass seine Wunden wieder heilen, wenn er sich wehtut.«
Josie weiß, wie ihre Mitmenschen sich fühlen, weil sie in sie hineinsehen kann. Ich war fasziniert, als sie mir erzählte, dass die Engel sie auch befähigen, die Aura anderer Menschen zu sehen. »Ich sehe sie ganz deutlich – wie mit der Kamera aufgenommen.«
Sie erzählte mir, die Engel könnten einem Menschen Energie spenden oder Reiki geben oder ihn auf jede beliebige andere Art und Weise heilen. »Die Engel können fast alles«, setzte sie hinzu.
Im Gespräch mit diesem weisen Kind kam ich mir beinahe armselig vor. Sie hat einen kleinen Bruder, der besondere Betreuung braucht; und ihre Mutter hat

manchmal das Gefühl, dass sie Josies Gutmütigkeit ausnutzt und sie zu oft darum bittet, ihn zu beaufsichtigen. Doch eines Tages sagte das kleine Mädchen zu ihr: »Mach dir keine Sorgen deswegen, Mutti. Ich habe mir diesen Bruder ausgesucht.«

Jetzt können endlich auch Erwachsene es wagen, offen über ihre Kindheitserlebnisse mit Engeln zu sprechen. Solche Erfahrungen prägen sich stets unauslöschlich ins Gedächtnis ein.

Bei einem Vortrag, den ich in London hielt, erzählte eine Frau von einem Erlebnis, das sie mit sieben Jahren gehabt hatte.
Plötzlich wurde sie mitten in der Nacht von einem Licht geweckt. Es wurde immer heller, und sie schaute nach, ob ihr Bruder, der neben ihr in seinem Bett lag, es auch sah. Aber er schlief fest.
Da trat aus dem Licht ein rosafarbener Engel mit

goldenen Flügeln hervor. Er nahm sie bei der Hand und führte sie in die Nacht hinaus – durch den Himmel hindurch bis zu den Sternen. Dann brachte er sie in ihr Bett zurück.
Am nächsten Morgen kam ihr dieses Erlebnis immer noch genauso wirklich vor wie in der Nacht, aber natürlich konnte sie mit niemandem darüber sprechen.

Catherine nahm an einem Engelseminar in Südirland teil und erzählte uns von ihrem ersten Engelerlebnis, das sie mit sechs Jahren gehabt hatte. Sie hatte im Bett gelegen und fest geschlafen, als sie plötzlich von einem Engel geweckt wurde, der vor ihr erschien.
Der Engel hatte ihr gezeigt, dass sie heilende Hände hatte. Sie hob die Hände in die Höhe, um uns zu zeigen, wie der Engel sie berührt hatte. Das war ein so überwältigendes Erlebnis für sie gewesen, dass sie es nie wieder vergaß und später tatsächlich Heilerin wurde.

Es ist so schön, dass Kinder noch offen für die Geisterwelt sind und uns von den Dingen erzählen können, die wirklich geschehen.

Pauline hat mir folgende Geschichte erzählt: Die fünfjährige Tochter ihrer Freundin, Annabel, und deren Vater wurden in ihrem Auto entführt. Die Mutter war zu Hause und erfuhr durch die Polizei von der Entführung. Natürlich war sie völlig verzweifelt.

Die Polizei empfahl ihr, zu Hause zu bleiben, da es Stunden dauern könne, bis die Entführer gefasst werden würden.

Doch schon nach kurzer Zeit ging die Tür auf, und ihre kleine Tochter kam hereingehüpft. »Was ist denn passiert?«, fragte die Mutter. »Ein Engel ist mit einem Schwert gekommen und hat sich auf die Motorhaube des Autos gestellt. Als die Entführer ihn sahen, sind sie geflüchtet.«

Ob die Entführer den Engel nun tatsächlich »gesehen« haben oder nicht – jedenfalls haben sie auf ihn reagiert. Ich hoffe, dieses Erlebnis hat ihr Leben verändert.

Engel geben uns ein solches Gefühl des Friedens und der Freude, dass ihre Nähe uns sogar physisch verändert.

Nach einem Engelseminar begann Monica regelmäßig mit ihren Engeln in Kontakt zu treten. Daraufhin nahm sie 15 Kilo ab – die Pfunde schienen nur so zu purzeln. Die Familie steckte gerade in einer Krise, und an Silvester waren ihre Kinder ziemlich deprimiert. Monica schlug vor, in einer Zeremonie gemeinsam die Engel anzurufen. Die ganze Familie nahm daran teil, und plötzlich wurde die Energie um sie herum, die vorher so schwer gewesen war, ganz leicht. Nach der Zeremonie ging Monicas achtjährige Tochter auf die Toilette, und als sie wiederkam, liefen Tränen über ihr Gesicht.
»Was ist denn los?«, fragte die Mutter besorgt.
»Ich habe einen Engel gesehen«, antwortete das Kind. »Als ich aus der Toilette kam, stand er plötzlich da – und er sah aus wie echt. Als ich ihm in die Küche nachging, drehte er sich um und lächelte mich an. Dann war er wieder verschwunden.«
Das Gesicht des kleinen Mädchens war tränenüberströmt und so voller Freude, dass sie diese Geschichte unmöglich erfunden haben konnte.

Eine Freundin von mir sagte ihrer Tochter eines Abends, als sie sie ins Bett brachte: »Bitte einfach deinen Schutzengel, auf dich aufzupassen.«
»Aber das tut er doch sowieso immer, Mutti«, antwortete die Tochter. »Siehst du ihn denn nicht? Er steht da drüben in der Ecke.«

Kinder sind der Geisterwelt so nahe. Viele sind noch offen für die Gegenwart der Engel und Feen. Selbst wenn sie sie nicht mehr sehen können, spüren sie sie häufig noch.

Sheila Hurst nahm an einem meiner Engelseminare teil. Als sie und ihre Nichte anschließend nach Hause fuhren, sahen sie zwei silberweiße Lichter in Engelgestalt über dem Auto schweben. Es sei ein wunderbares Gefühl gewesen, sagte Sheila. Als sie zu Hause ankamen, erzählten sie ihrem sechjährigen Enkel davon und beschrieben die beiden Engelgestalten.

»Das macht mich so glücklich, dass ich weinen muss«, sagte der kleine Junge, und eine Träne lief ihm übers Gesicht.
Jetzt fragt er Sheila immer, wenn sie von einem Engelseminar kommt: »Hast du heute Abend wieder Engel gesehen, Oma?«, und sein kleines Gesicht strahlt vor Glück.

DIENST AN UNSEREM PLANETEN

Erzähle Kindern bei jeder Gelegenheit von Engeln und erkläre ihnen, wie diese Wesen uns helfen können – und sei auch offen für die Engelerlebnisse, die die Kinder dir erzählen möchten.

KAPITEL 9

Engel in Menschengestalt

Engel erscheinen dir stets in der Gestalt, in der du sie am ehesten akzeptieren kannst. Manchmal nehmen sie auch Menschengestalt an, um dir zu helfen. Oder sie geben einem Menschen ein, was er tun oder sagen soll.

Nina Dickerson begann in ihrem Haus Engelseminare abzuhalten. Ihr erstes Seminar fand an einem eiskalten Februartag statt. Doch die Zentralheizung streikte, und um elf Uhr morgens war es bereits bitterkalt im Haus. Ihr Mann war nicht da, und sie lebten mitten auf dem Land.

Nina machte sich große Sorgen wegen des Seminars. Wie konnte sie es abhalten, wenn die Heizung nicht funktionierte? Als sie in den Gelben Seiten nach einer Heizungsbaufirma suchte, fand sie zu ihrer großen Erleichterung eine, die nicht allzu weit weg war. Sie rief dort an, und der Techniker vom Kundendienst ver-

sprach, gleich zu kommen. Eine halbe Stunde später war er da.

»Tut mir Leid, aber ich habe am Telefon Ihren Namen nicht verstanden«, begrüßte sie ihn.

»Ich bin Ihr Schutzengel und bin gekommen, um Ihnen zu helfen«, erwiderte er. So blaue Augen hatte sie noch nie gesehen.

Der Mann reparierte die Heizung, und als sie ihn fragte, ob sie sofort bezahlen solle oder ob er ihr eine Rechnung schicken werde, antwortete er: »Schutzengel schicken keine Rechnungen.« Es kam auch tatsächlich keine Rechnung – und als sie später noch einmal in den Gelben Seiten nachschaute, war die Heizungsbaufirma dort nicht mehr zu finden.

Am Ende dieses Seminartages brachen zwei Teilnehmer vor allen anderen auf. Um halb zwölf riefen sie von zu Hause aus an und erzählten, über ihrem Auto seien zwei Engel erschienen. Sie hätten sie alle beide gesehen. Als das zweite Auto – ebenfalls mit zwei Seminarteilnehmern – abfuhr, schwebten wieder zwei Engel über dem Wagen und wurden von beiden Insassen gesehen.

Wenn es sein muss, bringt ein Engel sogar einen Menschen dazu, für ihn die Engelrolle zu übernehmen.

Über diesen Ausschnitt aus einer Zeitung aus Durban musste ich lächeln. Er handelte von einer Frau, die in einem verrufenen Viertel von Durban zu einer Beerdigung eingeladen war. Sie parkte ihr Auto hinter einem Taxi und wollte gerade fortgehen, als der Taxifahrer ausstieg und ihr riet, nicht hier zu parken, da die Gangster, die es in dieser Gegend gab, den Wagen bestimmt stehlen würden.

Schnippisch erwiderte sie, es werde schon nichts passieren. Die Engel würden auf ihr Auto aufpassen.

Dann ging sie zu der Beerdigung. Als sie nach einiger Zeit wiederkam, stand das Taxi immer noch da. »Ich habe auf die Engel gewartet«, sagte der Taxifahrer zu ihr, »aber der liebe Gott hat sie nicht zu Ihrem Auto geschickt. Also musste ich selbst hier bleiben und warten, bis Sie zurückkommen, denn ich sah ein paar Burschen hier herumschleichen, die es auf Ihr Auto abgesehen hatten. Jetzt kann ich endlich wegfahren.«

Die folgende Geschichte handelt von einer Botschaft für einen Fremden, die ein Engel einem Menschen zuflüsterte.

Terri Myers schrieb mir von ihrem prachtvollen Hund Jupiter, der schon fast dreizehn Jahre alt, aber trotzdem immer noch ziemlich fit war. »Er ist ein mittelgroßer Mischling und der gutmütigste Hund, den es gibt – abgesehen davon, dass er keine Schäferhunde mag«, schrieb sie. »Als er noch jung und kräftig war, zeigte er das auch ganz deutlich, und da gab es schon ab und zu ein paar Beißereien. Aber inzwischen ist er zu alt, um sich gegen größere Hunde durchzusetzen, deshalb muss ich auf ihn aufpassen.«
Als sie vor kurzem einen Abendspaziergang mit Jupiter machte, blieb eine Frau, die sie vorher noch nie gesehen hatte, vor ihr stehen und sagte: »Sie sollten lieber vorsichtig sein. Da vorn läuft ein Schäferhund frei herum.«

Terri war sprachlos, bedankte sich überschwänglich bei der Frau, machte kehrt und ging mit ihrem Hund schnell in die andere Richtung.
Sie ist überzeugt davon, dass die Engel dieser Frau die Idee eingegeben haben, sie zu warnen.

Manchmal nimmt ein Engel vorübergehend menschliche Gestalt an, wenn jemand dringend ärztliche Hilfe braucht.

Jan schrieb mir von ihrem Engelerlebnis. Als sie mit ihrem Freund Ken einen steilen Abhang hinunterkletterte, stolperte er und stürzte. An seinem schmerzverzerrten Gesicht sah sie, dass es ihm ziemlich schlecht ging.
Später sollte sich herausstellen, dass Ken sich die linke Schulter gebrochen und dazu auch noch den Knöchel verstaucht hatte. Sie konnte ihn nicht allein von der Unfallstelle fortbewegen. Es war ein kalter Februartag, die

Sonne ging bereits unter, und sie waren auf ihrer Wanderung bisher noch keiner Menschenseele begegnet. In diesem Augenblick kam ein Mann auf sie zu und fragte, ob er ihnen helfen könne. Er kenne sich mit Erster Hilfe aus. Gemeinsam trugen sie ihren verletzten Freund bis zu einer Hauptstraße, und der Fremde kümmerte sich um ihn, während Jan ihr Auto holte, um ihn ins Krankenhaus zu bringen.
»Dieser Mann strahlte eine solche Ruhe aus und war so sanft und freundlich zu Ken, dass ich das Gefühl hatte, der Himmel habe ihn geschickt. Er war so nett – bis zum heutigen Tag glaube ich, dass er in Wirklichkeit ein Engel war.«
Sie fügte noch hinzu, die Begegnung mit ihm sei für sie eines jener Erlebnisse gewesen, die man nie mehr vergisst.

Mary Davies hatte ein ähnliches Erlebnis, als sie mit ihrem Mann Urlaub in Griechenland machte. Sie hatten Mopeds gemietet und fuhren oft an einen abgelegenen, einsamen Strand.
Eines Tages, als sie sich dem Strand näherten, geriet Mary mit ihrem Moped ins Schleudern, stürzte und zog sich eine Platzwunde im Gesicht und auch noch ein paar andere Verletzungen zu. Mit Hilfe ihres Mannes humpelte sie ans Meer, um ihre Wunden zu waschen. Als sie sich umdrehten, sahen sie eine Frau ganz allein unter

einem Felsvorsprung sitzen. »Kann ich Ihnen helfen?«, rief sie den beiden zu. Sie hatte eine große Arzttasche dabei. Die Frau verarztete Marys Wunden. Erst als sie wieder ins Hotel zurückkehrten, kam ihr der Gedanke: »Wie ist diese Frau eigentlich ohne Auto oder Moped hierher gekommen? Wer war sie? Und warum hatte sie eine komplette Arztausrüstung dabei?«

Zum Schluss dieses Kapitels möchte ich gern noch eine Geschichte von einem Engel in Menschengestalt erzählen, die mir bis heute im Gedächtnis geblieben ist – zum Teil auch wegen des strahlenden Gesichts des jungen Mädchens, das sie uns in einem meiner Seminare erzählte.

In ihrer Studienzeit war dieses Mädchen einmal sehr deprimiert. Sie bat die Geisterwelt um Hilfe, und gleich darauf rief eine Freundin an und lud sie ein: »Komm mich doch besuchen.«
Sie tankte ihr Auto auf, hatte aber das ungute Gefühl,

dass irgendetwas nicht stimmte. Daher bat sie den Tankwart, den Ölstand zu überprüfen. Er tat es und erklärte, es sei alles in Ordnung. Da fuhr sie beruhigt los.
Unterwegs blieb ihr Auto plötzlich auf freier Strecke liegen. Sie saß ganz allein in ihrem Wagen und war sehr ratlos. Zehn Minuten später hielt ein Auto mit zwei Männern neben ihr an. Einer der beiden stieg aus und sagte: »Wir sind Engel. Gott hat uns geschickt. Er möchte dir sagen, dass er dich liebt.« Der Mann holte einen Benzinkanister aus seinem Kofferraum und füllte ihren Tank. Dann fuhren die beiden Männer davon, und auch sie konnte wieder weiterfahren.
Sie wusste, dass Gott ihr diese beiden Männer tatsächlich geschickt hatte.

Behandle alle Menschen, denen du begegnest, so, als seien sie Engel. Vielleicht ist tatsächlich irgendwann einmal ein Engel dabei!

DIENST AN UNSEREM PLANETEN

Behandle den nächsten Menschen, der dir über den Weg läuft, wie einen Engel. Dadurch förderst du die engelhaften Eigenschaften in ihm zutage.

KAPITEL 10

Wunder

Vor ein paar Jahren bekam ich einen begeisterten, sehr inspirierenden Brief von jemandem, dessen Schwester verstorben war und begonnen hatte, durch automatisches Schreiben mit der Familie zu kommunizieren. Die Angehörigen der verstorbenen Frau schickten mir einige ihrer Briefe, die das Glück, die Schönheit und Freude im Jenseits beschrieben.

Am meisten jedoch beeindruckte mich der einfache Satz: »Es gibt Engel. Ich habe sie gesehen. Sie haben ein reines Herz und eine reine Seele und nur den einen Wunsch: anderen zu helfen.«

Wenn Engel dir zu Hilfe kommen, können sie Wunder bewirken.

Engel erscheinen uns Menschen in vielen verschiedenen Gestalten – manchmal auch als Vögel, Schmetterlinge oder andere Tiere. Sie zeigen sich so, wie es für den betroffenen Menschen gerade am einfachsten zu akzeptieren ist.

Melanie durchlitt einen unbeschreiblichen seelischen Schmerz. Ihr Vater hatte sich erschossen. Kurz darauf hatte einer ihrer Brüder sich erhängt, und der andere hatte sich mit einer Überdosis Medikamente vergiftet. Es ist kaum vorstellbar, was sie durchmachte. Sie befand sich in einem tiefen schwarzen Loch, saß nur noch am Flussufer und starrte ins Wasser.

Da tauchte plötzlich wie aus dem Nichts eine weiße Taube auf, die über ihrem Kopf kreiste und vor ihr ins Wasser hinabtauchte. Als sie wieder auftauchte und erneut ihre Kreise zu ziehen begann, hatte sie Melanies ganzen Schmerz mit sich genommen. Es war, als wollte sie sagen: »Ich habe dir deinen Schmerz abgenommen. Jetzt muss dein Leben weitergehen.«

Von diesem Augenblick an war Melanie wieder die Alte: glücklich und unbeschwert. Sie wusste, dass die Taube die Manifestation einer Engelsmacht gewesen war.

Die folgende Geschichte hat mich tief berührt. Die Frau weinte, als sie sie mir erzählte – und die meisten anderen Seminarteilnehmer waren ebenfalls zu Tränen gerührt.

Die Frau versorgte gerade ihre kleine Enkeltochter. Sie legte sie auf den Wickeltisch und holte eine frische Windel aus dem Wandschrank. Als sie sich umdrehte, war das Kind verschwunden. Sie suchte das ganze Haus ab, konnte die Kleine aber nirgends finden. Da sah sie zu ihrem großen Entsetzen, dass die Terrassentür offen stand.

Sie schrie laut nach ihrer Tochter und rannte in den Garten hinaus. Das Kind schwamm mit dem Gesicht nach unten im Swimmingpool. Sie holten es heraus; aber es atmete nicht mehr. Ihre Tochter rief den Notarzt, während die Großmutter das Kind zu beatmen versuchte. Aber es war vergebens.

Da erschien plötzlich ein großer Engel neben der Frau und ermahnte sie, nicht aufzugeben.

Kurze Zeit später kam die Polizei. Ein Polizist untersuchte das Kind und sagte: »Lassen Sie es sein. Es hat keinen Zweck mehr. Das Kind ist tot.« Doch sie beatmete ihre kleine Enkeltochter trotzdem weiter. Dann kam der Not-

arzt und sagte ebenfalls: »Sie ist tot. Da ist nichts mehr zu machen.«
Doch der Engel redete ihr immer wieder zu: »Mach weiter. Bring sie ins Krankenhaus.« Die Sanitäter versuchten ihr das »tote« Kind abzunehmen, aber sie bestand darauf, es selbst im Krankenwagen noch weiter zu beatmen. Der Engel saß dabei, ermutigte sie, weiterzumachen, und versicherte ihr, dass ihr Enkelkind gerettet werden würde.
Im Krankenhaus wurde das Kind wiederbelebt und genas völlig – ohne den geringsten Gehirnschaden davongetragen zu haben.

Für mich ist dies das erstaunlichste Wunder, von dem ich je gehört habe.

Schon viele Menschen haben mir erzählt, dass sie in einem Augenblick der Gefahr die Gegenwart eines Wesens spürten, das ihnen aus ihrer Not half.

Sam war Geschäftsmann. In seiner Freizeit machte er am liebsten Ausflüge in seinem Segelflugzeug. Eines Tages, in der Nähe eines Gebirges, kam plötzlich dichter Nebel auf. Ohne etwas zu sehen, flog er weiter und fürchtete, dem Gebirge unaufhaltsam näher zu kommen. Da spürte er plötzlich die Gegenwart eines unsichtbaren Wesens und wusste: Was auch immer jetzt passiert – mir wird nichts geschehen.
Das Segelflugzeug prallte gegen einen Berghang und zerschellte in tausend Stücke, doch er selbst landete sanft und vollkommen unverletzt auf einem Felsvorsprung.
Auch das Leben dieses Mannes wurde durch die Begegnung mit dem Engel von Grund auf verändert.

Ich machte gerade eine Rundfunksendung über Engel, bei der Hörer sich telefonisch zu Wort melden konnten. Ein junger Mann, der als Gast an einer anderen Sendung teilnehmen sollte, wartete draußen am Empfang und hörte mit, was in meinem Studio gesprochen wurde. Er erzählte der Empfangsdame, ihm habe auch einmal ein Engel geholfen, aber er habe noch nie jemandem davon erzählt. In der Pause brachte sie ihn zu mir ins Studio, und er erzählte mir folgende Geschichte:

Der junge Mann war im Gebirge gewesen, um dort einen Auftrag auszuführen. Da war ganz unerwartet dichter, eiskalter Nebel aufgekommen. Der Mann konnte nicht einmal mehr die Hand vor Augen sehen und auch nicht weiterwandern, weil das zu gefährlich gewesen wäre. In dem Nebel hatte er kaum eine Chance, den Weg zu seinem Hotel zurück zu finden, und er wusste nicht, was er tun sollte, denn es wurde allmählich Nacht. Da berührte ihn plötzlich eine tröstende Hand an der Schulter, und ein unsichtbares Wesen führte ihn sicher und wohlbehalten durch den Nebel den Berg hinunter. Später erfuhr er, dass seine Großmutter etwas von seiner Gefahr geahnt und einen Engel um Hilfe angerufen hatte – obwohl sie gar nicht wusste, wo er sich befand und was er gerade tat. Wahrscheinlich hat sie ihm mit ihrer Fürbitte das Leben gerettet.

Wenn sich in deinem Leben solche seltsamen Zufälle und Wunder ereignen, weißt du, dass die Engel bei dir sind.

DIENST AN UNSEREM PLANETEN

Achte auf Zufälle, seltsame Zusammentreffen und Wunder in deinem und im Leben anderer Menschen – und weise die anderen darauf hin. Mache deinen Mitmenschen bewusst, dass die höheren Mächte diese Ereignisse koordinieren.
Schicke überall Engel hin, wo eine Situation der Verbesserung bedarf – dann können Wunder geschehen.

KAPITEL 11

Engelsgesänge

Engel singen ungeheuer gern. Deshalb spricht man von Engelschören. Und sie spielen auch tatsächlich Harfe und Trompete. Wenn dir eine positive Veränderung in deinem Leben gelingt, feiern die Engel deinen Sieg, indem sie ihn in den Himmel hinausposaunen. Wenn du dein Bewusstsein in der Meditation oder in deinem Leben auf eine höhere Ebene emporhebst, halten die himmlischen Chöre diese höhere Schwingung für dich mit ihren Klängen.

Vor ein paar Jahren besuchte mich meine Tochter Dawn. Als sie nachts aufstand, um auf die Toilette zu gehen, und an meinem Schlafzimmer vorbeikam, hörte sie Musik. »Das sind Engelsgesänge«, dachte sie im Halbschlaf. Als sie zurückkam, hörte sie die wunderschönen Klänge immer noch. Sie blieb stehen, um zuzuhören, und wusste intuitiv, dass es Engelschöre waren. Doch dann

begann sie die Sache von der logischen Seite zu betrachten. »Das kann doch gar nicht sein«, dachte sie. »Wahrscheinlich hört Mutter sich eine Engelkassette an – aber es klingt nicht nach einer Kassette.« In diesem Augenblick wurde ihr klar, dass es vier Uhr morgens war und dass in meinem Zimmer kein Licht brannte.
Am nächsten Tag erzählte sie mir von den wunderschönen Engelschören, die sie in meinem Zimmer gehört hatte. »Aber vielleicht habe ich mir das auch nur eingebildet«, setzte sie hinzu. Ich fragte meinen Geistführer Kumeka danach. Er brüllte vor Lachen und sagte: »Natürlich haben die Engel über deinem Bett gesungen. Wenn du wüsstest, wie oft sie das tun!«
Ich war fassungslos und außer mir vor Freude. Die Engel halten so liebevoll ihre Hand über uns!

Am Tag nach der Beerdigung ihrer Mutter kam Amanda Foster in eines meiner Engelseminare. Sie machte einen sehr ruhigen, gefassten Eindruck und erklärte, die Engel gäben ihr die Kraft dazu, an meinem Seminar teilzunehmen. Als ihre Mutter im Sterben lag, hatte sie ständig die Engel um Kraft für sich selbst und die ganze Familie gebeten.
Ihre Schwester glaubte eigentlich nicht an Engel – bis sie, kurz nachdem ihre Mutter gestorben war, mitten in der Nacht ein Engelsorchester hörte. Es waren viele verschiedene Instrumente, die eine unglaublich schöne Mu-

sik spielten. Schließlich stand sie auf und schaute aus dem Fenster, um zu sehen, ob jemand draußen war. Da hörte das Orchester auf zu spielen; doch als sie wieder ins Bett stieg, fing die Musik von neuem an. Dann sah sie plötzlich einen purpurnen Schleier vor Augen, und ihr ganzer Schmerz um den Tod der Mutter fiel von ihr ab. Sie fühlte sich großartig.
Amanda erzählte mir, dass ihre ganze Familie beim Tod ihrer Mutter viel innere Kraft und das Gefühl gehabt habe, von den Engeln aufgefangen zu werden.

Der Gesang der Engel hat eine heilende und reinigende Wirkung.

Als Larissa Johnson neun oder zehn Jahre alt war, erkrankte sie an einer schweren Grippe. Als sie mit hohem Fieber im Wohnzimmer auf der Couch lag, hörte sie über sich einen Engelschor singen. Es waren Millionen von Engelsstimmen – vom tiefsten Alt bis zum höchsten

Sopran. Dieser Engelschor erschreckte sie so sehr, dass sie sich nicht rühren konnte.
Allmählich ebbte der Gesang wieder ab; zum Schluss war nur noch eine einzige Sopranstimme zu hören. Als auch diese Stimme verstummte, war Larissas Fieber verschwunden, und es ging ihr wieder gut. Sie stand auf, verließ das Wohnzimmer und sagte »hallo« zu ihrer überraschten Mutter, die gar nicht an dieses unvorstellbare Wunder glauben konnte.

Oft stimmen die Engel einfach nur deshalb einen Chor über dir an, weil es ihnen Freude macht.

Eine junge Frau erzählte mir mit strahlendem Gesicht von ihrem Engelerlebnis. Sie war in ihrer Wohnung eingeschlafen und einige Zeit später aufgewacht, weil ihr die Sonne ins Gesicht schien. Da fiel ihr ein, dass das Sonnenlicht sonst nie in ihre Erdgeschosswohnung drang. Es war auch gar keine Sonne, sondern ein gött-

licher, goldener Lichtstrahl, und als sie sich wohlig davon einhüllen ließ, hörte sie um sich herum überall Engel singen.

Denke daran, dass du die Engelschöre dazu einladen kannst, nachts über deinem Bett zu singen. Dann badest du während des Schlafs in ihren heilenden, reinigenden, freudigen Klängen.

DIENST AN UNSEREM PLANETEN

Fordere die Engel auf, ihre Chöre über bedürftigen Menschen oder Krankenhäusern anzustimmen.
Rufe sie an, und bitte sie, an Schauplätzen von Kriegen oder Auseinandersetzungen Harfe zu spielen.

Kapitel 12

Klangengel

Wenn du sie darum bittest, können die wunderbaren Klangengel dich und andere Menschen mit Hilfe deiner Stimme heilen, beruhigen, innerlich reinigen und unterstützen. Wenn du eine Melodie singst, vor dich hin summst oder murmelst oder ein Instrument spielst, entnehmen sie deiner Musik die Schwingungen, die sie brauchen, und setzen sie für himmlische Zwecke ein.

Meine Tochter Lauren gibt Gesangsunterricht. Sie arbeitet immer mit den Engelmächten, und dabei entsteht eine ganz besondere Energie. Der Ton für das Herzzentrum lautet »AH«. Sie hat mir diese schöne Methode beigebracht, mein Herz zu öffnen und die Engelmächte herbeizurufen.

Wenn du allein und ungestört bist, reibe ganz sanft die Stelle in der Mitte deines Brustkorbs – dein Herzzentrum –, und bitte die Engel, dein Herz zu öffnen. Dann hebe beide Arme in die Höhe und singe »AH«. Lächle dabei und wirf den Kopf zurück.

In einer Gruppe geht das noch besser. Haltet euch bei den Händen und bittet die Engel, zu euch zu kommen. Dann hebt alle die Arme in die Höhe und singt »AH«. Tut dies dreimal hintereinander. Wenn genügend Leute versammelt sind, klingt das wie der Gesang in einer Kathedrale.

Ein Engel-Klangbad ist eine wunderbare Möglichkeit, um mit der Engelenergie in Kontakt zu treten. Dabei steht eine Person in der Mitte eines Kreises oder sitzt an eine Wand gelehnt da. Dann bittet ihr einfach die Engel, die Schwingung eurer Stimmen zu benutzen, um diesem Menschen das zu geben, was er braucht. Zum Schluss singen oder summen alle die Silbe »OM«. In einer Gruppe hat ein solches Erlebnis etwas Magisches. Aber natürlich können auch zwei Menschen das füreinander tun.

Noch wirkungsvoller ist es, den Klangengeln den Namen eines Menschen vorzusingen und sie aufzufordern, die Person mittels deiner Stimme zu heilen.
Du hast deinen Namen ausgewählt, bevor du geboren wurdest, und ihn deinen Eltern auf telepathischem Weg mitgeteilt, damit sie dich richtig benennen. Jedes Mal, wenn du deinen Namen hörst, ruft seine Schwingung dir die Lektion deiner Seele ins Bewusstsein. Wenn dein Name in deiner Kindheit oft in wütendem oder kritischem Ton ausgesprochen wurde, hast du daraus vielleicht die Botschaft entnommen, dass deine Seele eine schwierige Mission zu erfüllen hat. Dann wirst du dir dein Leben selbst schwer machen.

Zu hören, wie Menschen und Engel deinen Namen liebevoll vor sich hin singen, stärkt dich und erhöht deine Lebensqualität.

Als ich an einem großen Engel-Workshop in Dublin mitwirkte, gaben die Engel mir plötzlich ganz unerwartet die Idee ein, alle Leute, die gut singen konnten, aufzufordern, zu mir auf die Bühne zu kommen. Ich staunte über die Reaktion – plötzlich stürmten so viele Menschen auf die Bühne, bis sie ganz voll war! Ich glaube, dass die Engel jeden einzelnen dieser Menschen gerufen haben. Dann bat ich die Sänger, sich als Kanäle zu öffnen und die Engel durch sich singen zu lassen. Sie sollten Licht von den Engeln empfangen und die anderen Zuhörer dann in ein wohltuendes Klangbad tauchen.
Sie beschlossen, »Amazing Grace« zu singen. Es war ein fantastischer Anblick: Während ihres Gesangs waren sie in ein strahlendes goldenes Licht gehüllt. Und sie spürten, wie die Engel durch sie sangen. Ich saß unter den Zuhörern und empfing diese Energie. Es war ein unvergessliches Erlebnis.
Seitdem haben mich die Engel zwei- oder dreimal gebeten, das zu wiederholen. Ich plane es nie voraus – es kommt stets überraschend und unerwartet. Und es ist immer wieder fantastisch. Immer wenn du singst, bitte die Engel, mit dir und durch dich zu singen!

Die Klangengel können dir auf verschiedene Weise helfen, wenn du sie darum bittest. Stimme die Silbe »OM« an, konzentriere dich auf einen Traum oder eine Vision, und bitte die Engel, diese Vision mit Energie zu erfüllen.
Wenn du Erzengel Michael anrufst und ihn bittest, das Band zu lösen, das dich an irgendeine Person oder Sache fesselt, wirst du eine überwältigende Reaktion erleben. Stimme deinen Gesang an, bitte innerlich um Befreiung, stelle dir das Band vor, und bitte den Erzengel Michael, es zu durchtrennen. Das ist sehr wirkungsvoll.
Du kannst die Engel auch bitten, dein inneres Kind mit ihren Flügeln zu umfangen, um es zu heilen. Während du das spürst oder dir vorstellst, singst du liebevoll den Namen des Kindes vor dich hin. Die Liebe der Engel wird in dein inneres Kind hineinströmen und es befreien.

Lauren hat Meditationen entwickelt, in denen man mit den Klang- und Erzengeln in Kontakt treten kann, um von ihnen geheilt zu werden. Hier ist eine davon. Man kann sie sowohl allein als auch in einer Gruppe durchführen:

LAURENS ENGELMEDITATION

1. Zünde eine Kerze an und setze dich dann mit geradem Rücken (wenn nötig auf einen Stuhl mit Lehne) hin.

2. Schaue in die flackernde Kerzenflamme, und entspanne dich ein paar Minuten lang.
3. Singe dreimal leise die Silbe »AUM« vor dich hin und spüre, wie die Resonanz dieses uralten Mantras deinen Körper umfließt.
4. Schließe die Augen, und sieh die Kerzenflamme vor deinem inneren Auge. Ziehe sie in dein Herz hinein, und entzünde mit ihr die spirituelle Flamme in deinem Herzen.
5. Spüre, wie dein Herz vor Freude singt.
6. Rufe mit einem lang gezogenen »OOO« ganz sanft und leise die Engel herbei. Sieh, wie sie bei dir sind und die Flamme in deinem Herzen mit ihrer Kraft und ihrem Lachen noch heller erstrahlen lassen. Lasse die Engel in deinen Gesang einstimmen.
7. Sieh, wie die Engel dich anlächeln und dir dafür danken, dass du sie um Hilfe gebeten hast. Sie sind bei dir und bereit, mit dir zusammenzuarbeiten.
8. Rufe den Erzengel Michael um Schutz an, und bitte Erzengel Jophiel, dir Weisheit zu schenken und dein Herz und deinen Geist zu erleuchten.
9. Bitte die Engel, in deinen Gesang einzustimmen und dein Herz der bedingungslosen Liebe zu öffnen. Stimme den Ton »AAAAH« an und spüre, wie dein Herz sich dabei ausdehnt. Sieh, wie die

Engel um dich herum den rosafarbenen Strahl der Liebe in dein Herz hineinströmen lassen. Lasse dich von dieser Liebe innerlich emporheben und befreien.

10. Das Licht und die Liebe in dir und um dich herum geben dir eine enorme Kraft, um mit dem Licht der Engel andere Menschen zu heilen. Du kannst selbst entscheiden, wo du dieses Licht hinlenken möchtest. Visualisiere die Situation, Konstellation oder Person, der du Licht senden möchtest. Sieh die Erzengel Michael und Jophiel links und rechts neben dieser Person oder Situation stehen und sie in eine strahlende goldene Lichtkugel hüllen.
11. Bitte darum, zu einem Kanal für die Engel zu werden, sodass sie durch dich singen und dein Kehlkopfchakra mit einem sanften »AI«-Ton öffnen. Fordere die Engel auf, durch dich zu singen, und sei offen für alle Veränderungen des Tons. Lass dich einfach von den Engeln führen und wisse, dass jeder Ton, der durch dich hindurchströmt, perfekt sein wird. Stelle dir vor, wie die Situation oder Person, die du vorher visualisiert hast, sich verändert, während sie die heilenden Klänge empfängt und in sich aufnimmt.
12. Sobald du dein Werk beendet hast, löse dich innerlich von der Situation, Person oder Konstellation, die du geheilt hast, und konzentriere dich

wieder auf die Engel um dich herum. Danke ihnen für ihre Hilfe, und lausche auf weitere Inspirationen von ihnen.

13. Achte darauf, dass du gut geerdet bist. Sieh vor deinem geistigen Auge, wie Bänder von deinen Füßen tief in die Mutter Erde hineinreichen, und spüre, wie die Erdenergie zu dir emporströmt und mit deiner eigenen Energie verschmilzt, dich stützt und erdet.
14. Schlage die Augen auf, und konzentriere dich wieder auf die Kerzenflamme. Spüre die Flamme der Freude in deinem Herzen. Zum Schluss bläst du die Kerze aus und weihst ihr Licht der Person, Konstellation oder Situation, an der du gerade gearbeitet hast.

DIENST AN UNSEREM PLANETEN

Singe liebevoll den Namen eines Menschen, der sich in einer Notlage befindet, und bitte die Engel, diese Person mit ihren Flügeln zu umfangen. Besonders wirkungsvoll ist dies, wenn du es bei Unterdrückern oder Gewaltherrschern tust. Es gibt ihnen die Möglichkeit, ihr Herz für eine Veränderung zu öffnen. Konzentriere dich auf einen negativen Ort, welcher der Reinigung bedarf. Stimme deinen Gesang an, und

fordere die Engel auf, die Energie an diesem Ort mit Hilfe deiner Klänge auf eine höhere Stufe emporzuheben.

Kapitel 13

Während des Schlafs

Wenn du nicht auf die Eingebungen hörst, die deine Engel dir ständig zuflüstern, um dich zu führen und zu beschützen, werden sie sich mit deinem Geistführer beraten und überlegen, wie sie dir am besten helfen können. Gemeinsam werden sie versuchen, dich zu einer Veränderung deines Verhaltens zu bewegen.
Nachts, wenn du schläfst, bekommst du besonders viel Hilfe von den Engeln.

Tamara spürte, dass sie eine Zornblockade in ihrem Herzzentrum hatte. Nach einem Seminar war sie emotional völlig erschöpft und hatte Schmerzen. Das erkannte sie als ein wichtiges Zeichen dafür, dass sich in ihrem Inneren etwas abspielte. »Ich ging zu Bett«, schrieb sie mir, »und während ich schlief, bekam ich heftige Schmerzen in der Brust. Ein Wesen, das ich nicht sehen konnte, sprach im Schlaf zu mir und sagte, ich

könne ruhig weiterschlafen und solle ganz leicht und mühelos atmen. Ich bräuchte mir keine Sorgen zu machen – es sei alles in Ordnung.«
Sie hatte auch tatsächlich keine Angst, sondern verspürte ein intensives Gefühl der Befreiung in ihrer Brust, als der Druck ihres Zorns von ihr genommen wurde.

Wir alle bewahren Zorn, Angst, Schuld, Eifersucht, Verletzungen und andere schädigende Gefühle in unserem Herzen. Du kannst deinen Schutzengel stets bitten, solche emotionalen Blockaden zu lösen, während du schläfst, ehe sie sich zu physischen Problemen entwickeln.

Sherren Mayes kam zu mir, um mich zu interviewen, und erzählte mir bei dieser Gelegenheit folgende Geschichte: Sie fuhr immer zu schnell und war eindeutig in Gefahr, irgendwann einmal einen Unfall zu bauen. Eines Nachts, während sie schlief, versammelte sich eine Schar leuchtender Gestalten in einer Ecke ihres

Schlafzimmers. Es waren hauptsächlich Männer. Sie diskutierten in ernstem Ton über ihren Fahrstil.

Schließlich reichte es ihr. Sie setzte sich in ihrem Bett auf und sagte mürrisch: »Schon gut, schon gut! In Zukunft fahre ich nie wieder schneller als 45 Stundenkilometer!« Davon erwachte sie, und ihr wurde klar, wer diese Lichtwesen gewesen waren.

Am nächsten Tag fuhr sie nach Devon, um ihren Bruder zu besuchen. Glücklicherweise hatte sie ihr Versprechen von der Nacht davor noch in Erinnerung und fuhr sehr vernünftig. Als sie sich der Grafschaft Devon näherte, kam plötzlich ein heftiger Sturm auf. Wolkenbruchartige Regenfälle verwandelten die Straße in einen Sturzbach, und der Wind schleuderte ihr Auto hin und her. Sie musste ihr Tempo drastisch verlangsamen, um durch den Sturm zu kommen, und einmal sogar einen Umweg machen, weil ein entwurzelter Baum die Straße blockierte. Einer ihrer Scheinwerfer wurde abgerissen, und ihr Bruder sagte hinterher, sie müsse verrückt gewesen sein, in diesem Unwetter überhaupt Auto zu fahren. Wäre sie mit ihrer normalen Geschwindigkeit unterwegs gewesen, als der Sturm sie überraschte, so wäre sie in echter Gefahr gewesen.

Lichtwesen sind zwittrige Geschöpfe; über Sexualität sind sie erhaben. Umso interessanter ist es, dass diese Wesen Sherren in Männergestalt erschienen sind. Wahrscheinlich taten sie das, weil Männern in unserer Gesellschaft immer noch mehr Autorität zugeschrieben wird als Frauen. Hätten die Lichtwesen Sherren Mitgefühl und liebevolle Heilung gebracht, so wären sie vermutlich eher in weiblicher Gestalt zu ihr gekommen. Ich frage mich, ob diese Lichtwesen vielleicht ihre Geistführer und Engel waren, die sich versammelt haben, um über sie zu beraten. Wir müssen dankbar dafür sein, dass uns so viele liebevolle Lichtwesen zugewiesen sind, die uns unterstützen. Nachts geben sie sich besonders große Mühe, zu uns durchzukommen, weil sie dann nicht durch unsere sich ständig im Kreis drehenden Gedanken abgeblockt werden. Daher ist es immer sinnvoll, uns vor dem Einschlafen innerlich zu entspannen und daran zu denken, offen und aufnahmebereit für die Eingebungen der Engel zu sein.

Du musst deine Mission auf der Erde vierundzwanzig Stunden am Tag erfüllen. Einen sehr wichtigen Teil dieser Aufgabe erledigst du im Schlaf, wenn dein Geist deinen Körper verlässt. Je nach deinem Bewusstsein wandert dein Geist dann entweder in niedrigere oder in höhere Dimensionen. Wenn du unter Albträumen leidest, bedeutet das, dass du die niedrigeren Astral-

regionen besuchst. Wenn deine Gedanken und Handlungen im Traum hauptsächlich um Liebe, Güte, Kooperation und die höheren Welten kreisen, besuchst du die Engelreiche.
Du kannst dich auch in die Säle des Wissens oder der Weisheit begeben, die Tempel der Aufgestiegenen Meister besuchen oder dich an Stätten der Heilung auf den inneren Ebenen betätigen.
Verbringe vor dem Einschlafen ein paar Minuten in tiefer Kontemplation und Dankbarkeit für den vergangenen Tag; und dann bitte die Engel, dich dort hinzubringen, wo du hinmöchtest. Wenn du Rat und Anleitung brauchst, lenke deinen Geist zu Erzengel Gabriels Aufenthaltsort auf dem Mount Shasta. Wenn du mehr über Musik oder Symbole oder Architektur erfahren möchtest, schicke deinen Geist zu dem Tempel, in dem diese Dinge gelehrt werden. Wenn du zu einem reineren Kanal für heilende Kräfte werden möchtest, bitte darum, den großen heilenden Meistern und Engeln dienen zu dürfen. Auf irgendeiner Ebene deines Bewusstseins wirst du das, was du brauchst, aus dem Traum in dein physisches Leben hinüberretten.

DIENST AN UNSEREM PLANETEN

Bitte vor dem Einschlafen darum, dass dein Geist dorthin gehen möge, wo er anderen Menschen helfen kann. Du kannst dir wünschen, wem du helfen oder wen du trösten willst beziehungsweise wo du hingehen möchtest.
Bitte um hundertprozentigen Schutz.
Fordere die Engel auf, dich zu begleiten und dir beizustehen.

KAPITEL 14

Der Tod

Manche Menschen gehen nicht ins Licht ein, wenn sie sterben. Sie verharren – oft sehr verängstigt oder zornig – auf den Astralebenen und klammern sich an Menschen fest, die sie auf der Erde gekannt haben.

Joanna erzählte mir von ihren schrecklichen Panikattacken und ihrer Angst vor dem Sterben. Nach langen Gesprächen fanden wir heraus, dass die Attacken vor zehn Jahren begonnen hatten, als ihre Mutter starb. Da wurde mir klar, dass ihre Mutter nicht ins Jenseits eingegangen, sondern immer noch mit ihrer Tochter verbunden war. Sie übertrug ihre eigenen panischen Ängste auf Joanna.

Als wir die Engel um Hilfe anriefen, kamen sie sofort und lösten das Band zwischen Joanna und ihrer Mutter. Wir beteten darum, dass die Mutter nun vollends auf die andere Seite gehen möge, und baten Joannas

Großmutter und die Engel, ihr dabei zu helfen. Sofort erschien die Großmutter, die bereits in der Geisterwelt weilte, und Joannas Mutter wurde befreit und war überglücklich, wieder mit ihrer Mutter vereint zu sein. Die Engel scharten sich um die beiden und halfen Joannas Mutter, ins Licht einzugehen.
Von da an waren Joannas Panikattacken verschwunden.

Solange wir noch einen Körper haben, betrachten wir das Leben aus einer begrenzten und oft sehr voreingenommenen Perspektive. Doch sobald wir in unseren Geistkörper übergehen, sehen wir alles ganz anders.

Pam Pelling kam aus einer Familie, in der die Menschen einander kaum Gefühle zeigten. Sie konnte sich nicht daran erinnern, dass ihre Mutter sie jemals geküsst hatte. Wie die meisten Leute interpretierte sie das als Zeichen dafür, dass sie nicht geliebt wurde.
Vor sechsundzwanzig Jahren war sie schwer krank

gewesen. Sie lag im Krankenhaus unter einem Sauerstoffzelt und war bewusstlos; die Ärzte sagten, dass sie die Nacht nicht überleben werde.
In dieser Nacht hatte Pam ein Out-of-Body-Erlebnis. Sie sah ihre Mutter, ihren Vater und ihren Mann sowie die Krankenschwester um ihr Bett herum stehen. Da wurde ihr endlich bewusst, welche Liebe ihre Mutter für sie empfand – sie konnte sie nur nicht zeigen.
Dann spürte sie pötzlich, wie ein Engel sie in ihren Körper zurückstieß, und sie genas von ihrer Krankheit. Von diesem Tag an betrachtete sie das Leben mit ganz anderen Augen.

Viele Leute glauben, einen geliebten Menschen für immer verloren zu haben, wenn er gestorben ist. Aber das stimmt natürlich nicht. Der Mensch, den du liebst, lebt immer noch – nur auf einer anderen Schwingungsebene, die für dich normalerweise nicht sichtbar ist. Deshalb kannst du in deinen Träumen häufig mit Verstorbenen in Kontakt treten – denn dann treffen sich eure Geister.

Nach dem Tod ihres Mannes träumte Frances oft, dass er tot war. Doch wenn sie mit den Engeln in Verbindung trat, sah sie im Traum, dass er immer noch lebte und in ihrem Zimmer war. Das wirkte alles sehr echt.
Da wurde ihr klar, dass der Tod, so wie wir ihn uns vorstellen, eine Illusion ist. Wenn wir sterben, geht es uns sehr gut. Wir sind von unserem physischen Körper befreit und arbeiten in den spirituellen Welten weiter.

Es ist nie zu spät, einem Menschen zu verzeihen. Und es ist auch nie zu spät für ein spirituelles Erlebnis oder eine Kontaktaufnahme mit deinem Engel.

Petras Mutter lag im Sterben. Ihre Angehörigen saßen neben ihrem Bett. Da murmelte die alte Frau plötzlich mit zusammengepressten Lippen: »Ich werde ihr nie verzeihen.«
»Gibt es jemanden, dem du etwas zu verzeihen hast, Mama?«, fragte Petra.
Da schlug ihre Mutter die Augen auf und sah sie an.
»Vergib ihr jetzt«, drängte Petra sanft.
Daraufhin sprach die sterbende Frau ein Vaterunser und sank in die Kissen zurück. Sie hatte nie an Gott geglaubt; doch kurz vor ihrem Tod leuchteten ihre Augen auf, als sie ihrem Engel begegnete. Sie sagte ihren Angehörigen, der Engel heiße Maria. Sie sah auch Cherubim um ihr Bett tanzen.

Eine Freundin von mir, Paula, sprach mit einer Frau, deren Pferd krank war. Sie erbot sich, dem Pferd Reiki zu geben, und erklärte, dass sie immer mit Reiki und mit der Unterstützung der Engel arbeite. Da erzählte die Frau ihr folgende Geschichte, die sie noch nie zuvor einer Menschenseele anvertraut hatte.

Die Frau wurde um fünf Uhr morgens von einem Licht geweckt und schlug die Augen auf. Ein leuchtender Engel stand da und erklärte ihr, er sei der Schutzengel ihres Vaters. Der Engel sagte, ihr Vater sei gestorben, aber es gehe ihm gut. Paula fühlte sich warm und geborgen in dem Licht.
Als der Engel verschwunden war, weckte sie ihren Mann und erzählte ihm, was passiert war; aber er sagte, das sei nur eine Halluzination gewesen. Sie solle nicht solchen Unsinn erzählen, sondern weiterschlafen. Um sieben Uhr morgens klingelte das Telefon, und Paula erfuhr, dass ihr Vater um fünf Uhr gestorben war. Sie hatte den Engel nie wieder erwähnt, bis Paula sie mit ihren offenen Worten dazu ermutigte.

Die folgende Begebenheit, die Irene mir erzählte, ist eine meiner Lieblingsgeschichten. Jedes Mal, wenn ich daran denke, berührt sie mich tief.

Irene erzählte mir, dass ihre Familie damals, als zwei Tage vor der Geburt ihres Babys ihr Schwiegervater starb, eine schwere Zeit durchmachte. Ihr Mann war zur Beerdigung gegangen; sie selbst lag nach der Entbindung im Krankenhaus in ihrem Bett.

Plötzlich erschien ein Licht am Fenster und kam auf sie zu. Es war ein Engel. »Mach dir keine Sorgen«, sagte er. »Wir tun dir nichts. Wir wollen nur das Baby sehen.« Dann spaltete das Licht sich in zwei Gestalten auf. Irene spürte die Gegenwart des Engels und noch einer anderen Person, die zu dem Kinderbettchen ging und es zärtlich umfing. Dann verschmolzen die beiden Gestalten wieder miteinander und zogen sich sanft zurück.

Da wurde Irene klar, dass der Großvater des Babys in Begleitung seines Engels dagewesen war, um dem Kind einen Besuch abzustatten.

Die nächste Begebenheit ist eigentlich keine Engelgeschichte, aber sie veranschaulicht, welch unendliche Freiheit wir nach dem Tod genießen. Rose erzählte mir, dass ihr Vater an Krebs gestorben war. Sie hatte es nicht ertragen können, ihn sterben zu sehen, und war fortgegangen. Doch nachdem er tot war, musste sie ihn noch einmal sehen, um ihm zu sagen, wie Leid es ihr tat, dass sie im Augenblick seines Todes nicht für ihn da gewesen war. Sie ging in die Leichenhalle.
Da sah sie ihn neben seinem Leichnam auf einem Stuhl sitzen. Er trug einen Morgenrock in leuchtenden Farben und war so real, dass sie ihn berühren und ihm sogar einen Abschiedskuss geben konnte. »Es ist wunderbar«, sagte er zu ihr. »Da, wo ich jetzt bin, ist es so schön. Es gibt keine Angst mehr – nur Freude.«

DIENST AN UNSEREM PLANETEN

Bitte die Engel darum, den Verstorbenen zu helfen. Sie werden ihre Unterstützung bekommen – und dankbar dafür sein.

KAPITEL 15

Die Engelhierarchie

Es gibt zwei parallel verlaufende Evolutionsspiralen. Eine ist die menschliche Evolutionslinie, von der man sagt, dass sie aus dem Geist Gottes entspringt. Sie hat sich folgendermaßen entwickelt:

Mineralienreich
Pflanzenreich
Tierreich
Menschenreich
Aufgestiegene Meister
Aufgestiegene Meister: obere Hierarchien bis hin zum Ursprung aller Dinge

Jedes dieser Reiche hat ein ganz bestimmtes Frequenzband. Wir Menschen sind vieldimensional und umspannen alle Frequenzbänder.
Das Mineralienreich wirkt in der ersten Dimension. In diesem Bereich macht es seine Erfahrungen und entwickelt sich weiter. Dort schlagen neue Ideen Wurzeln. Das Pflanzenreich, das Licht braucht, um wachsen zu können, entwickelt sich innerhalb des Frequenzbereichs

der zweiten Dimension. Hier gibt es eine Öffnug für spirituelle Informationen und spirituelles Wissen.
Tiere und jene Menschen, die nur an eine physische Realität glauben, befinden sich im Frequenzbereich der dritten Dimension. Wir leben gerade in einer Zeit unglaublicher Veränderungen. Denn jetzt haben genügend Menschen auf der Erde ihr Herz geöffnet und ihr Bewusstsein auf eine höhere Stufe emporgehoben, sodass unser ganzer Planet seine Frequenz erhöhen kann. Deshalb ist die Erde nun in die vierte Dimension eingetreten. Diese höhere Schwingung wirkt sich auf uns alle aus. Wenn man ein elektrisches Gerät mit zu starker Stromspannung betreibt, gibt es einen Kurzschluss. Das heißt: Wenn du noch nicht für den stärkeren Strom bereit bist, der jetzt durch dich hindurchfließt, empfindest du diesen Zustand als ziemlich unbequem. Für diejenigen Menschen, die sich noch größtenteils in einem niedrigeren Frequenzbereich aufhalten, ist das, was jetzt passiert, schon eine ziemliche Erschütterung.
Die Menschen der vierten Dimension beginnen nun ihr Herzchakra zu öffnen, sich an frühere Leben zu erinnern und ihr spirituelles Bewusstsein zu erweitern.
Nach ihrem Tod entscheiden sich manche dieser Menschen aus Liebe, auf den inneren Ebenen als Geistführer die Seelen anzuleiten, die noch auf der Erde weilen. Höher stehende Geistführer kommen aus noch höheren Dimensionen zu uns, um uns zu helfen.

Dein Ziel auf der Erde besteht darin, ein menschliches Wesen der fünften Dimension zu werden und zu höheren Ebenen aufzusteigen. Dann kannst du andere Menschen auf den Weg des Lichts führen. Vielleicht entwickelst du dich dann zu einem Aufgestiegenen Meister – einer Seele, die die Lektionen, die es auf diesem Planeten zu lernen gibt, gemeistert hat. Dann kannst du den Himmel auf Erden erschaffen.
Auch nach deinem Tod entwickelst du dich weiter. Du steigst in immer höhere Dimensionen auf und machst dort deine Erfahrungen, bis du bereit bist, zur göttlichen Natur zurückzukehren.

Die zweite Evolutionslinie entspringt dem Herzen Gottes und sieht folgendermaßen aus:

Das Reich der Elementargeister
Engel (Schutzengel stehen auf der untersten Entwicklungsstufe)
Erzengel
Engelsfürsten
Mächte
Tugenden
Herrschaften
Throne
Cherubim
Seraphim

Das Reich der Elementargeister umfasst Feen, Gnome, Kobolde, Elfen, Wassernixen, Meerjungfrauen und so weiter. Man nennt sie Elementargeister, weil sie nur aus einem einzigen Element bestehen. Sie sind ätherische Wesen, das heißt, sie gehören dem Äther an und sind daher für uns Menschen unsichtbar.

Ihre Aufgabe ist es, sich um das Reich der Natur zu kümmern. Elementargeister der Luft wie beispielsweise Feen pflegen die Blumen, mischen ihre Farben und ermuntern sie, zu blühen und zu duften. Elementargeister der Erde wie die Gnome und Kobolde und viele andere winzig kleine Wesen arbeiten mit Kristallen, Sand, Erde und Edelsteinen. Die Elementargeister des Wassers – Meerjungfrauen, Wassernixen und andere – beherrschen die Gewässer und helfen den Geschöpfen, die darin leben. Die Feuer-Elementargeister heißen Salamander. Sie wachen über die Flammen.

Elementargeister reagieren auf die Gedanken von uns Menschen. Die Feen kooperieren mit uns, wenn wir die Pflanzen in unserem Garten ohne Schädlingsvernichtungsmittel hegen und pflegen. Salamander können außer Kontrolle geraten; deshalb gerät auch das Feuer außer Kontrolle, wenn Menschen zornig werden.

Wenn wir die Erde mit Planierraupen platt walzen, Büsche und Bäume abholzen und die Luft verschmutzen, können die Elementargeister, welche die Natur erschaffen und pflegen, von der wir abhängig sind, ihre

Arbeit nicht tun. Dann sind sie verzweifelt, denn sie können sich in so einer Situation auch nicht weiterentwickeln.
Doch an Orten, an denen sie geehrt und respektiert werden, schaffen die Elementargeister gemeinsam mit den Menschen Wachstum und Fülle im Reich der Natur.
Auf der untersten Hierarchiestufe stehen die Engel, die den Auftrag haben, sich um uns Menschen zu kümmern und unser Leben für uns aufzuzeichnen. Das sind unsere Schutzengel. Zurzeit werden auch noch Millionen anderer Engel auf unseren Planeten geschickt, um uns zu helfen, die Folgen unseres Aufstiegs in eine höhere Dimension zu bewältigen, der sich gerade vollzieht.
Die Erzengel dienen dem Universum auf einer kosmischen Ebene und wachen über die Engel und Schutzengel auf der Erde.
Noch höher als die Erzengel stehen die Engelsfürsten: strahlende Wesen, die über Städte, heilige Orte, Länder, Nationen, große Firmen, Schulen und jedes größere Vorhaben wachen.
In unserer Zeit, die von dem Grundsatz »Je größer, desto besser« geprägt ist, haben die Engelsfürsten alle Hände voll zu tun. Sie tragen in ihrem Herzen den vollkommenen göttlichen Plan für jede Stadt und jedes Projekt. Viele Krankenhäuser ähneln eher anonymen Großstädten als Orten der sanften, liebevollen Pflege, an denen man genesen kann. Engelsfürsten überwachen die

Organisation solcher Institutionen. Wenn du das Gefühl hast, dass da etwas überprüft oder verändert werden müsste, dann schildere dem Engelsfürsten, der das betreffende Krankenhaus überwacht, in einer ruhigen Minute deine Empfindungen. Sende ihm eine klare und deutliche Vision davon, wie diese Institution sich weiterentwickeln müsste, um ihren Patienten am besten zu Heilung und Gesundheit zu verhelfen.

Dasselbe gilt für große Ausbildungsstätten, Einkaufspassagen, Schiffe und Unternehmen.

Vielleicht fragst du jetzt: »Warum setzen die Engelsfürsten nicht einfach ihre Macht ein, um etwas zu verändern?« Das ist genauso, wie wenn ein Lehrer gemeinsam mit einer Gruppe von Kindern ein Theaterstück einübt. Der Lehrer hat eine genaue Vorstellung davon, wie die Inszenierung aussehen soll; aber er kann mit den Kindern nur das verwirklichen, wozu sie bereit sind. Die Engelsfürsten haben eine Vision für die Evolution unserer Erde, aber sie können uns auf diesem Weg nur so schnell vorantreiben, wie wir gehen möchten.

Wie alle Engel können auch die Engelsfürsten die Energie deiner Vision zum höchsten Wohl unseres Planeten einsetzen. Mit der Macht deiner Gedanken können sie höhere Ideale in den Weltenplan einflechten.

DIENST AN UNSEREM PLANETEN

Sende den Elementargeistern der Naturreiche Gedanken des Friedens, der Liebe und Dankbarkeit. Übermittle den Engelsfürsten deine Visionen von schönen Städten, Krankenhäusern mit liebevoller, warmherziger Atmosphäre, Ausbildungsstätten, die Wissen und Weisheit fördern, gerechten Regierungen und kooperativen Unternehmen, damit sie eine bessere Welt erschaffen können.

Erzengel und die Höhere Hierarchie

KAPITEL 16

Die Höhere Hierarchie

Die zweite Stufe der Engelhierarchie umfasst die Mächte, Tugenden, Herrschaften, Throne, Cherubim und Seraphim.

Zu den **Mächten** gehören die mächtigen Herren des Karmas und die Engel des Todes und der Geburt.

Die Herren des Karmas sind jene erhabenen Wesen, die über die kollektive und individuelle Akasha-Chronik der Menschheit wachen. Sie zeichnen die kollektive Geschichte unseres Planeten auf und hüten das Gewissen der Menschheit.

Das Karma ist das gerechte Gesetz, nach dem alles, was du aussendest, zu dir zurückkehrt. Dein Leben wirft alles auf dich zurück. Selbst dein Körper ist dein Karma: Er gibt dir ein Feedback über die Art, wie du mit ihm umgehst.

Der Karmische Rat hat sieben Mitglieder; jeder repräsentiert einen der Lichtstrahlen. Dies sind:

Strahl 1	Der Große Göttliche Leiter
Strahl 2	Die Göttin der Freiheit
Strahl 3	Nada

Strahl 4	Pallas Athene, die Göttin der Wahrheit
Strahl 5	Elohim Vista
Strahl 6	Kuan Yin, die Göttin der Gnade
Strahl 7	Portia, die Sprecherin des Karmischen Rates und Göttin der Gerechtigkeit

Der Große Göttliche Leiter repräsentiert den ersten Strahl des Willens, der Macht und Energie. Er ist das Große Kosmische Wesen, die Autorität, die dem Kosmischen Gesetz auf diesem Planeten Geltung verschafft. Schon seit über 200 000 Jahren lenkt Er kosmische Strahlen auf die Erde, damit die Menschheit nicht sich selbst und die Natur zerstört. Er war der Meister von St. Germain.

Die Göttin der Freiheit repräsentiert den zweiten Strahl der Liebe und Weisheit. Sie bringt uns Menschen die Energie der Freiheit durch Gleichheit.

Nada repräsentiert den dritten Strahl der Liebe und aktiven Intelligenz. Sie wird oft rosa dargestellt; das ist die Farbe von Erzengel Chamuel, dem Engel des Herzens. Wenn du in reiner Absicht handelst und dir hohe Ziele setzt, unterstützt sie dich. In ihren Inkarnationen in den Mysterienschulen von Atlantis, Ägypten und Peru war es ihre Aufgabe, andere zu ermutigen und auf ihrem Weg weiterzubringen.

Pallas Athene repräsentiert den vierten Strahl der Harmonie durch Konflikt. Sie war einst Hohepriesterin in Atlantis. Außerdem war sie die Lieblingstochter des Zeus. Sie bringt der Erde die göttliche Eigenschaft der Integrität und unterstützt alle Menschen, die die Wahrheit ans Licht bringen.

Elohim Vista repräsentiert den fünften Strahl der Forschung und des praktischen Denkens. Außerdem repräsentiert sie im Karmischen Rat die Elohim, die Schöpfergottheiten. Das sind die Gottheiten, die durch Gottes Willen geschaffen wurden, um Ihm zu helfen, dem Universum seine Form zu verleihen. Sie wirken durch die Erzengel auf dieser Ebene. Elohim bedeutet »alles, was Gott ist«.

Kuan Yin repräsentiert den sechsten Strahl des Idealismus und der hingebungsvollen Liebe. Sie ist auch als Göttin der Gnade und des Mitgefühls bekannt und die östliche Entsprechung unserer Jungfrau Maria. Sie hat als Reaktion auf unsere Bedürfnisse die Kunst des Verstärkten Heilens wieder auf der Erde eingeführt. Kuan Yin soll in einer 1000-jährigen Inkarnation in China leben, wo sie einst Göttin war. Sie ist die Meisterin der Geburt und der Heilung und arbeitet mit der dreifachen Flamme: Gold für die Weisheit, Rosa für die Liebe und Blau für die Macht.

Portia repräsentiert den siebten Strahl der zeremoniellen Ordnung und Magie. Sie ist die Sprecherin des Karmischen Rats, die Göttin der Gerechtigkeit. Sie erhält das Gleichgewicht zwischen Gnade und Urteil aufrecht und hilft allen Menschen, die Herz und Kopf in harmonischen Einklang miteinander bringen möchten. Sie gewährt uns häufig Gnade.

Inzwischen ist das Karma vieler – aber nicht aller – Länder durch göttliche Dispensation verwandelt worden. Das ist auf kausaler Ebene geschehen; es muss sich aber auch noch auf der mentalen, emotionalen und physischen Ebene vollziehen. Dank der Gnade der Herren des Karmas ist auch viel von unserem individuellen Karma von uns genommen worden. Viele Menschen büßen immer noch völlig unnötig karmische Schulden ab, die ihnen schon längst erlassen worden sind.
Du brauchst die Last deiner Fehler und Missetaten aus früheren Leben nicht mehr mit dir herumzuschleppen – es sei denn, du bestehst darauf! Es lohnt sich immer, in der Meditation respektvoll die Herren des Karmas anzurufen und zu fragen, ob dir deine Schuld bereits erlassen worden ist oder ob sie dir erlassen werden kann. Sehr oft wird Menschen ihr ganzes Karma oder ein Teil ihres Karmas abgenommen, und ihr Lebensweg wird frei.
Bei einem Seminar besuchten wir in der Meditation die

Herren des Karmas, und da erhielt Bob Freeman folgende Information: Die Herren des Karmas würden uns gern unsere ganze karmische Schuld erlassen; doch dadurch würden sie mehr Schaden anrichten als Gutes tun. Karma bedeutet Ausgleich. Es bedeutet auch Mitgefühl, denn es hindert Seelen daran, sich in noch größere Probleme zu verstricken. Im Grunde ist das Karma eine Unterstützung für uns. Diejenigen, die nicht an einen spirituellen Sinn im Leben glauben, würden Schaden anrichten, wenn das Karma ihre Freiheit nicht einschränkte. Bob erfuhr Folgendes: Je mehr wir auf die Möglichkeit eingestimmt sind, dass es noch etwas anderes gibt als die greifbaren physischen Dinge, umso rascher löst sich unsere ganze karmische Schuld auf.
Die Herren des Karmas erzählten Bob, dass den Menschen ihre karmische Schuld so schnell wie möglich abgenommen werden solle, damit die Erde gereinigt werde und die nächsten fünf Strahlen sich rascher auf unserem Planeten verankern können.
Dann erklärte der Todesengel Bob: »Ich möchte gern überflüssig werden, damit die Menschen so lange leben können, wie sie möchten, um schließlich zu höheren Ebenen aufzusteigen.« Bob erfuhr, dass die spirituelle Hierarchie sich unseren Aufstieg noch mehr wünscht als wir selbst. Die Engel bitten uns, alle Menschen, die uns begegnen, zum Streben nach dem Aufstieg in höhere Dimensionen zu inspirieren.

Wir leben gerade in einer Endzeit. Wir müssen unserer früheren Lebensweise ein Ende setzen und alle noch ungeklärten Dinge bereinigen, damit unser Planet in einen höheren Frequenzbereich aufsteigen kann. Wir müssen das Karma unseres Planeten unbedingt klären. Deshalb nehmen oft einzelne Menschen das ungelöste Karma ihrer Familie und ihres Landes oder auch Teile unseres kollektiven Karmas auf sich.

Eine Frau, die medial veranlagt war, erzählte, wie ihre Großtante ein Leben in Einsamkeit und Isolation auf sich nahm, um Selbstgenügsamkeit zu lernen. Sie hatte nur eine weibliche Gesellschafterin, wie es damals häufig vorkam, und machte dabei einen ganz zufriedenen Eindruck; doch anscheinend hatte sie sich stets sehr einsam gefühlt und das Gefühl gehabt, anders zu sein als die anderen. Dennoch hatte sie nur ein Zehntel von dem gelernt, was zu lernen sie sich in diesem Leben vorgenommen hatte. Die Frau sagte, sie habe sich einverstanden erklärt, den Rest der Lektion – das Karma – ihrer Tante, nämlich Isolation und Einsamkeit, stellvertretend für die ganze Familie auf sich zu nehmen.

Während der Meditation besuchte sie die Herren des Karmas und bat sie, die Familie von ihrer Schuld zu erlösen. Ihre Bitte wurde erhört. Daraufhin fühlte die Frau sich viel besser.

Während derselben Gruppenmeditation erfuhr Andrea, dass ihr Mann die Last der ungesühnten Schuld seiner Großmutter auf sich genommen hatte, aber zu früh gestorben war, um deren ganzes Karma bewältigen zu können. Andrea hatte ihren Mann sehr geliebt, und da er der letzte Überlebende seiner Familie war, gab es niemanden mehr, der diese Schuld weiter tragen konnte. Also lud sie dieses Karma auf ihre Schultern.
Als wir die Herren des Karmas besuchten, war Andrea zuerst enttäuscht darüber, dass sie nichts sehen oder hören konnte. Doch als sie darum bat, dass nicht nur das Familienkarma ihres Mannes, sondern auch das ihrer eigenen Familie erlassen werden möge, spürte sie, wie die Herren des Karmas ihr prüfende Fragen stellten. Warum nahm sie das Familienkarma ihres Mannes auf sich? Es war, als fragten sie sie: »Willst du das wirklich?« Während sie die Angelegenheit prüften und Andrea auf ihre Antwort wartete, empfand sie eine große Liebe zu ihrem Mann, und diese Liebe erstreckte sich auch in die Vergangenheit zurück auf seine ganze Familie. Da spürte sie, wie alle Schuld erlassen wurde.

Mein Geistführer hat mir gesagt, dass es ein sehr wichtiger Dienst an unserem Planeten ist, gemeinsam mit anderen Menschen in der Meditation um die Befreiung bestimmter Orte von ihrem Karma zu bitten. Er empfahl mir, die Herren des Karmas anzurufen und, falls sie mir

die Erfüllung meiner Bitte gewährten, ganze Heerscharen von Engeln um Hilfe bei diesem Befreiungsprozess zu bitten.
Wir taten dies gemeinsam mit mehreren hundert Menschen in London, und Millionen verirrter Seelen – Personen, die verstorben, aber irgendwo auf den Astralebenen hängen geblieben waren, abgetriebene Kinder und Seelen, die durch Drogen oder Alkohol immer noch an die Erde gefesselt waren – wurden befreit und konnten ins Licht eingehen. Außerdem wurde die Stadt von einer großen Wolke negativer Gedankenformen und düsterer Emotionen befreit.
Du hast die Kraft, solche Dinge zu bewirken – allein oder mit Freunden. Bitte die Engel, dich dabei zu beschützen und dir zu helfen.

Über den Mächten stehen die **Tugenden,** die starke Lichtstrahlen zur Erde hinabsenden, um uns die Bewusstseinsveränderungen zu erleichtern, die gerade stattfinden. Wenn du mit den Tugenden zusammenarbeitest, wird uns allen mehr spirituelles Licht zur Verfügung stehen.

Die **Herrschaften** wachen über die Engel der unter ihnen stehenden Hierarchieebenen. Sie fungieren als Kanäle der Gnade und helfen uns, in die spirituellen Bereiche einzutreten.

Die **Throne** empfangen direkte Erleuchtung vom Ursprung aller Dinge. Sie bringen die göttliche Weisheit auf eine Ebene hinunter, auf der die Menschheit sie verkraften kann. Außerdem wachen sie über die Planeten; unsere Erde ist Gaias Obhut anvertraut.

Cherubim sind Engel der Weisheit. Sie wachen über den Himmel und die Sterne.

Den höchsten Platz in der Engelhierarchie nehmen die **Seraphim** ein, deren Wesen reine Liebe ist. Sie befinden sich in der unmittelbaren Nähe Gottes, singen ständig das Lob des Schöpfers und erhalten die Schwingung der Schöpfung aufrecht. Sie leiten die göttliche Energie, die vom Ursprung aller Dinge ausgeht, in die richtigen Kanäle.

DIENST AN UNSEREM PLANETEN

Meditiere und bitte darum, dich den Herren des Karmas nähern zu dürfen. Das kannst du allein oder auch gemeinsam mit Freunden tun. Überlege dir einen Ort oder eine Nation, der du gern helfen möchtest. Sage den Herren des Karmas, dass du deine Energie dort hinlenken willst. Dann stelle dir vor, wie Millionen von Engeln diesen Ort oder diese Menschen von der

Dunkelheit befreien, die ihn beziehungsweise sie umgibt. Wenn du die Silbe »OM« vor dich hinsummst, während du deine Energie zu diesem Ort lenkst, wird deine Fürbitte noch wirksamer.

Kapitel 17

Die Erzengel

Die Erzengel stehen eine Stufe über den Engeln. Es gibt Millionen von Erzengeln, doch nur wenige treten mit uns in Kontakt. Diese mächtigen Wesen von der Großen Zentralen Sonne besitzen große Macht und viel Licht. Jeder hat einen männlichen und einen weiblichen Aspekt.

Wir kennen sieben Erzengel und sieben ihnen zugeordnete Zwillingsflammen (Archeias), die auf den sieben Strahlen wirken. Sie arbeiten mit den Großen Meistern von Shambhala zusammen, welche die jeweiligen Strahlen regieren. Dies sind:

Strahl 1	Michael und der Glaube. *Michael bedeutet »der wie Gott ist«*
Strahl 2	Jophiel und Christine. *Jophiel bedeutet »die Schönheit Gottes«*
Strahl 3	Chamuel und die Nächstenliebe. *Chamuel bedeutet »der Gott sieht«*
Strahl 4	Gabriel und die Hoffnung. *Gabriel bedeutet »Gott ist meine Kraft«*
Strahl 5	Raphael und Maria. *Raphael bedeutet »Gott hat geheilt«*

Strahl 6	Uriel und Aurora. *Uriel bedeutet »Feuer Gottes«*
Strahl 7	Zadkiel und Amethyst. *Zadkiel bedeutet »die Gerechtigkeit Gottes«*

Jeder der vier Erzengel, die am engsten mit der Erde verbunden sind, ist einem der vier Elemente zugeordnet. Dein Sonnenzeichen verrät dir, auf welchen Erzengel du besonders eingestimmt bist.

Michael	Feuer: Widder, Löwe, Schütze
Gabriel	Wasser: Krebs, Skorpion, Fische
Raphael	Luft: Zwillinge, Waage, Wassermann
Uriel	Erde: Stier, Jungfrau, Steinbock

Wenn du die sieben Erzengel anrufst, werden sie dir viel Licht, Freude und Schutz gewähren. Eine der wirksamsten Anrufungen ist diese:

Ich rufe den mächtigen Erzengel Michael an, an meiner rechten Seite zu stehen. Bitte lasse Mut und Kraft in mich strömen, und kröne meine Bemühungen mit positiven Ergebnissen. Durchtrenne mit deinem Schwert all meine negativen Fesseln und Bindungen. Halte deinen tiefblauen Umhang des Schutzes über mich, sodass nur, was aus dem höchsten, reinsten Licht ist, in meine Aura eindringen kann. Ich danke dir.

Halte einen Augenblick inne, damit Erzengel Michael sein Werk vollenden und dir vielleicht auch noch etwas mitteilen kann.

Jetzt rufe ich den mächtigen Erzengel Gabriel an, in seinem reinweißen Strahl an meiner linken Seite zu stehen. Lasse deine reinweiße Energie in meine Aura strömen und zeige mir meinen nächsten Schritt oder meinen Weg. Bitte erleuchte und aktiviere jetzt die Symbole meiner Aufgabe in diesem Leben. Bringe Freude, Anmut, Klarheit, Verständnis, Großzügigkeit und Ordnung in mein Leben. Ich danke dir.
Halte einen Augenblick inne, damit Erzengel Gabriel sein Werk vollenden und dir vielleicht auch noch etwas mitteilen kann.

Jetzt rufe ich den mächtigen Erzengel Uriel an, vor mir zu stehen und meine Aura mit seinem purpurnen und goldenen Strahl der Weisheit und des Friedens zu erfüllen. Besänftige alle Konflikte in meinem Leben, und lasse an ihre Stelle Gelassenheit, Brüderlichkeit und Schwesterlichkeit treten. Bitte zerreiße meine mentalen und emotionalen Fesseln, und befreie mich von all meinen Ängsten. Ich danke dir.
Halte einen Augenblick inne, damit Erzengel Uriel sein Werk vollenden und dir vielleicht auch noch etwas mitteilen kann.

Jetzt rufe ich den mächtigen Erzengel Raphael vom smaragdgrünen Strahl an, hinter mir zu stehen. Bitte lasse Heilung sowie inneren und äußeren Reichtum in mich einströmen. Beschütze mich auf meinen Reisen, und gib mir Gerechtigkeit, Wahrheit und Visionen ein. Ich danke dir.
Halte einen Augenblick inne, damit Erzengel Raphael sein Werk vollenden und dir vielleicht auch noch etwas mitteilen kann.

Jetzt rufe ich den mächtigen Erzengel Chamuel vom rosaroten Strahl an, die Flamme der Liebe in meinem Herzen zu vergrößern. Bitte verhilf mir zu Mitgefühl und Vergebung – für mich selbst und für jeden Menschen, dem ich je bewusst oder unbewusst Schaden zugefügt habe. Öffne mein Herz jetzt auf persönlicher und kosmischer Ebene. Ich danke dir.
Halte einen Augenblick inne, damit Erzengel Chamuel sein Werk vollenden und dir vielleicht auch noch etwas mitteilen kann.

Jetzt rufe ich den mächtigen Erzengel Jophiel an, durch mein Scheitelchakra das goldene Licht der Weisheit und Erleuchtung in mich einströmen zu lassen. Erhelle und inspiriere meine Gedanken mit deiner Weisheit. Hilf mir, auf höchster Ebene etwas zu lernen und dieses Wissen an andere Menschen weiterzugeben. Bitte erhelle und

aktiviere nun die Symbole der Weisheit, die ich in meinem jetzigen Leben und in meinen früheren Existenzen erworben habe. Ich danke dir.
Halte einen Augenblick inne, damit Erzengel Jophiel sein Werk vollenden und dir vielleicht auch noch etwas mitteilen kann.

Jetzt rufe ich den mächtigen Erzengel Zadkiel vom violetten Strahl der Gnade, Freude und inneren Wandlung an und bitte ihn, die violette Flamme in meine Aura einströmen zu lassen. Bitte löse all meine negativen Einstellungen in nichts auf und ersetze sie durch Freude, Diplomatie und Toleranz. Ich danke dir.
Halte einen Augenblick inne, damit Erzengel Zadkiel sein Werk vollenden und dir vielleicht auch noch etwas mitteilen kann.

Jetzt ist deine Aura von der Energie der Erzengel erfüllt, und du stehst mit deiner mächtigen ICH BIN-Präsenz in Verbindung. Du bist gesegnet.

In der traditionellen Kabbala gibt es zehn Erzengel: Metatron, Ratziel, Zaphkiel, Zadkiel, Khamael, Michael, Auriel, Raphael, Gabriel und Sandalphon.

Ich möchte noch zwei von ihnen kurz vorstellen: **Sandalphon** ist der Erzengel der Erde, der dem Erdreich

Ruhm und Ehre bringt. Er ist der Aufseher, der dieses Reich regiert, Frieden und Freude darin stiftet und die Elemente der Natur in harmonischen Einklang miteinander bringt. Die Stabilität, die er bringt, schenkt uns Freiheit.

Metatron repräsentiert den Glanz und die Herrlichkeit Gottes und das göttliche Gericht, während Rachael, seine Zwillingsflamme, für die Kraft des Weiblichen steht. Man sagt, Metatrons Name bedeute »einer, der den Thron neben dem Thron Gottes innehat«. Vielen Quellen zufolge war er der Prophet Enoch. Metatron vermittelt all jenen, die bereit dafür sind, das Wissen von den höheren Dimensionen auf einer Ebene, die sie begreifen können.

Aber so mächtig die Erzengel auch sind – sie erscheinen nur denjenigen Menschen, die dafür bereit sind.

Catherine Seiler ist schon vielen Engeln begegnet. Vor ein paar Jahren war sie sehr unglücklich, weil ihr Mann Probleme mit seinem Geschäft hatte. Da erschien ihr eines Abends ein mächtiger Engel. Er schien so groß zu sein wie die ganze Erde. »Er hob mich hoch, hielt mich

vor sein schönes Gesicht und strahlte mir so viel Liebe entgegen. Er sagte, er sei Metatron.«
Am nächsten Tag saß sie verzweifelt da, stützte den Kopf in die Hände und fühlte sich entsetzlich einsam und voller Kummer. Da hörte sie plötzlich eine Stimme: »Kind, warum bist du so verzweifelt, wo du doch Metatron ins Gesicht schauen durftest?«
»Wie bitte?«, fragte sie erschrocken.
Wieder sagte die Stimme: »Kind, warum bist du so verzweifelt, wo du doch Metatron ins Gesicht schauen durftest?«
Sie fragte, wer da mit ihr spreche. »Der mächtige Metatron«, antwortete die Stimme.
Wieder stellte sie die gleiche Frage, und wieder kam die gleiche Antwort: »Der mächtige Metatron.« Als sie noch ein drittes Mal fragte, antwortete die Stimme: »ICH BIN, DER ICH BIN.« Dann setzte die Stimme liebevoll hinzu, Catherine solle sich keine Sorgen machen und keine Angst haben, denn es würden noch viele schöne, wunderbare Dinge geschehen. Sie sei nicht allein, sondern werde sehr geliebt.
»Eigentlich wunderte ich mich darüber, dass die Engel sich überhaupt mit mir abgaben«, schrieb sie. »Aber es ging eine im wahrsten Sinne des Wortes überirdische Liebe von ihnen aus, und ich fühlte mich sehr beruhigt und geborgen.«

Doch es sind auch Begegnungen mit weiteren Erzengeln überliefert. So erschien der Erzengel **Moroni** Joseph Smith und erzählte ihm von goldenen Tafeln mit einer Inschrift, aus denen später das Buch Mormon entstand. Gemeinsam gründeten Smith und der Engel die Religion der Mormonen.

Melchisedek war ein sehr hoch stehender Erzengel, der menschliche Gestalt annahm und den Orden des Melchisedek gründete, um spirituelle Wahrheiten zu lehren und das Werk Jesu Christi auf der Erde und in allen Universen zu koordinieren. Jesus Christus war Hohepriester im Orden des Melchisedek.

Du kannst diese erhabenen Erzengel anrufen wie alle anderen Geistwesen auch und sie bitten, mit dir zusammenzuarbeiten und deinem Dienst an diesem Planeten mehr Kraft und Nachdruck zu verleihen.

DIENST AN UNSEREM PLANETEN

Rufe die sieben Erzengel an, und bitte sie, das Bewusstsein anderer Menschen zu erweitern – vor allem von Personen, die eine einflussreiche Position auf der Welt innehaben.

KAPITEL 18

Erzengel Michael

Der mächtige Erzengel Michael ist der Engel des Mutes, der Kraft und des Schutzes.
Wenn du ihn anrufst, wird er mit Schwert und Schild an deiner rechten Seite stehen, bereit, dich zu beschützen. Er wird dir seinen tiefblauen Umhang umhängen und in physischer, psychischer und spiritueller Hinsicht über dich wachen.
Michael ist ein kriegerischer Erzengel – der Oberbefehlshaber und unerschütterliche, standhafte Herrscher. Er schenkt dir die Initiative, Willenskraft, Energie und Vitalität, die du brauchst, um deinen Weg zu gehen und deine Aufgaben ohne Angst und Mühe zu bewältigen. Er wird dir helfen, Führungseigenschaften zu entwickeln; mit seiner Hilfe wirst du stark, entschlossen und zielgerichtet genug sein, um deine Vorhaben zu verwirklichen.
Seine Zwillingsflamme ist der Glaube, der dein Selbstvertrauen – den Glauben an dich selbst – stärkt, sodass du deine Mission auf diesem Planeten erfüllen kannst.
Michael und der Glaube sind die Erzengel des ersten Strahls. Sie arbeiten mit El Moreya, dem Meister (oder

Chohan) des roten Aspekts des ersten Strahls zusammen. Gemeinsam fördern sie alle Menschen mit einem starken Machtgefühl, die in der Lage sind, das Schwert der Wahrheit zu führen. Menschen, die in enger Verbindung zu Erzengel Michael stehen, sind stark und mächtig – ob sie diese Eigenschaft nun in ihrem Geschäft, in ihrer schriftstellerischen Tätigkeit, als Mitarbeiter bei der Polizei, beim Militär oder in irgendeinem anderen Tätigkeitsbereich verwirklichen.

Diejenigen, die die göttliche Qualität dieses Strahls zum Ausdruck bringen, sind stark, motiviert und begeisterungsfähig und beschützen alle Menschen, die Hilfe brauchen. Der niedrigere Ausdruck des ersten Strahls, der überwunden werden muss, besteht in Arroganz, Starrsinn, Intoleranz und dem Wunsch, andere zu beherrschen.

Wenn du jemals in Gefahr sein solltest, rufe Michael an. Eine Frau, die ich kenne, war mentalen Attacken von jemandem ausgesetzt, der sich von ihr abgewiesen fühlte. Er sandte ihr Dolche des Zorns und Pfeile der Eifersucht. Das ging schon eine ganze Weile so, und da sie sehr sensibel war, spürte sie diese Angriffe als physischen Schmerz und Erschöpfung. Als sie Erzengel Michael bat, sie mit seinem Umhang und seinem Schild zu beschützen, verschwanden der Schmerz und die Erschöpfung.

Michael wird auch deinen Besitz schützen. Bitte ihn, nachts oder wenn du nicht da bist, über dein Haus oder deine Wohnung zu wachen. Ich erhielt folgenden Brief von Terri Myers, die an einigen meiner Seminare teilgenommen hatte:

»Aus finanziellen Gründen hatten mein Mann und ich beschlossen, keine Hausratsversicherung abzuschließen. Doch ich hatte Erzengel Michael gebeten, unsere Wohnung sowohl drinnen als auch von außen zu bewachen. Ich wusste, dass dies sofort geschah, nachdem ich ihn darum gebeten hatte, erzählte aber niemandem etwas davon.

Ungefähr zur gleichen Zeit nahmen mein Neffe Daniel und ich an Ihrem ›Siebter-Himmel‹-Seminar teil. Seitdem hat Daniel sich spirituell geöffnet: Er sieht und spürt Energien. Vor etwa einem Monat, als Daniel und ich gemeinsam nach Hause gingen, schaute er plötzlich mit blassem Gesicht nach oben und sagte: ›Terri, auf dem Dach sitzt ein großer roter Engel mit einem Schwert in der Hand.‹ Da wusste ich sofort, dass das einer von Michaels Engeln war, der unser Haus bewachte.«

Susie Anthony wurde von Erzengel Michael höchstpersönlich mehrmals vor dem Tod gerettet. Sie war süchtig nach Crack und hatte ihr erstes Nahtod-Erlebnis nach einem zweitägigen Trip. Sie spürte, wie ihr Geist ihren Körper verließ; da bewegte sich eine riesige Säule aus leuchtend saphirblauem Licht auf sie zu und stellte sich einfach als »Michael« vor. Später wurde ihr klar, dass das Erzengel Michael gewesen war.
Im Augenblick ihres Beinahe-Todes wurde Susie von einem Gefühl des Friedens, der Liebe und des Mitgefühls umfangen, das über jedes menschliche Vorstellungsvermögen hinausging, und ganz sanft durch die Rückschau auf ihr Leben hindurchgeführt. Michael offenbarte ihr, dass ihr persönliches Ich von so tiefer Verzweiflung und so großem Ekel vor sich selbst erfüllt war, dass kein Sterblicher sie je hätte erreichen können. Und doch hatte sie vor ihrer Geburt einen heiligen Lebensvertrag geschlossen und gelobt, viel Licht in das Dunkel zu bringen, das auf der Erde herrscht. Sie erfuhr, dass ihre Seele eine ungeheure Weisheit und heilende Kraft in sich barg. Susie hatte nun die Wahl, in Frieden im Jenseits zu bleiben oder zurückzukehren und ihren Vertrag auf der Erde zu erfüllen – mit neuen Fähigkeiten und Lösungsmöglichkeiten, die Erzengel Michael ihr zukommen lassen würde.
Sie kehrte auf die Erde zurück und heilte ihren von der Drogensucht gezeichneten physischen Körper. Inzwi-

schen schreibt sie ein Buch über ihre eindrucksvollen Begegnungen mit Erzengel Michael.

Nora schrieb mir nach einem Seminar:

»Ich spüre jetzt eine Geborgenheit, die ich in den letzten zehn Jahren nicht erlebt habe. Es ist dieses wunderbare Gefühl, von Liebe und Fürsorge umgeben zu sein. So etwas hätte ich früher nie für möglich gehalten. Ich lebe zwar allein – aber ich fühle mich nicht mehr allein.« Es ist ein einmaliges Gefühl, im Alltagsleben die Gegenwart der Engel zu spüren.

Nora vertraute mir an, dass sie immer eine panische Angst vor dem Zahnarzt gehabt hatte. Doch eines Tages ließ sich der Zahnarztbesuch nicht mehr vermeiden, und der Gedanke daran machte sie sehr nervös. Diesmal rief sie Erzengel Michael um Unterstützung an. Etwa fünf Minuten, bevor sie die Zahnarztpraxis erreichte, »wusste« sie, dass sie nicht allein war. »Das Gefühl des

Friedens und der Sicherheit, das mich plötzlich umfing, war unbeschreiblich«, schrieb sie. Dieses beruhigende Gefühl hielt noch bis zehn Minuten nach der Behandlung an. Als sie in der nächsten Woche ihren zweiten Zahnarzttermin wahrnehmen musste, kam Erzengel Michael wieder zu ihr, und sie erlebte noch einmal das Gleiche.

Erzengel Michaels Engel kommen, sobald man sie braucht. Immer wenn ich nach Südafrika reise, höre ich viele Geschichten von Grausamkeit und Gewalt. Entsprechend wunderbar sind aber auch die Geschichten von dem Schutz, den die Engel den Menschen dort gewähren.

Gemma erzählte mir, dass sie ganz allein war, als fünf Schwarze gewaltsam in ihr Haus eindrangen und sie fesselten. In ihrer Gegend kamen häufig Einbrüche und Vergewaltigungen vor, und sie war von Natur aus ein Mensch, der leicht in Panik geriet und zu Hysterie neigte.

Doch als die Männer in ihr Haus einbrachen, wurde sie plötzlich aus ihrem Körper herausgehoben und beobachtete das Geschehen von oben. Ein Engel hielt sie im Arm und sagte, sie solle sich ganz still verhalten. Solange sie ruhig bliebe, werde ihr nichts passieren. Als Gemma wieder in ihren Körper zurückkehrte und die Augen aufschlug, war sie immer noch von diesem Gefühl unendlichen Friedens erfüllt. Die Männer hatten ihr nichts getan.
Sie hatten ihr zwar ihren gesamten materiellen Besitz geraubt, doch »in spiritueller Hinsicht habe ich dafür alles gewonnen«.
Durch dieses Engelerlebnis hat sich ihre Lebenseinstellung völlig verändert.

Du kannst Erzengel Michael auch bitten, die Menschen zu beschützen, die du liebst. Mit seiner Kraft wird er ihnen Mut und ein Gefühl der Sicherheit einflößen. Wenn du ihn bittest, sie in seinen tiefblauen schützenden Umhang einzuhüllen, wird die negative Energie anderer Menschen von ihnen abgleiten, und sie werden sich hinterher viel stärker und selbstsicherer fühlen.
Das kannst du nicht nur für Bekannte, sondern auch für

Fremde tun, wenn du der Menschheit einen Dienst erweisen möchtest, indem du mehr von Michaels Licht auf diesen Planeten bringst.

DIENST AN UNSEREM PLANETEN

Bitte Erzengel Michael, dich in seinen tiefblauen schützenden Umhang einzuhüllen.
Dann fordere ihn auf, diesen Umhang über andere Menschen und Orte zu breiten, die dir bekannt oder unbekannt sind. Vielleicht sind deine Gebete genau die Fürsprache, die gebraucht wird, um jemanden vor Schaden zu beschützen.

KAPITEL 19

Michaels Engel des Schutzes

Die Macht der Engel ist erstaunlich. Sie können Menschen und Gegenstände buchstäblich entmaterialisieren und wieder rematerialisieren. Wenn sie dich mit ihrer Kraft umgeben, befindest du dich in einem so starken Kraftfeld der Liebe, dass nichts und niemand dir mehr etwas anhaben kann. Erzengel Michael gebietet über die Engel des Schutzes.

Während einer Rundfunksendung rief eine Hörerin an und erzählte, wie sie einmal in ihrem Rollstuhl die Straße überquerte, als plötzlich ein junger Bursche in einem Sportwagen um die Ecke gerast kam und in ihren Rollstuhl hineindonnerte. Als sie in hohem Bogen durch die Luft flog, glaubte sie, ihr letztes Stündlein habe geschlagen; doch dann schwebte sie im Zeitlupentempo auf die Erde herab und hatte nichts weiter als einen kleinen blauen Fleck. Die entsetzten Zuschauer trauten ihren Augen nicht; doch sie spürte deutlich, wie ein Engel sie in seinen Armen hielt.

Ich erinnere mich noch, wie die Zuhörer den Atem anhielten, als eine Frau uns folgende erstaunliche Geschichte erzählte:

Als sie zehn Jahre alt war, schwamm sie regelmäßig im Swimmingpool ihrer Eltern. Als sie eines Abends wieder ins Wasser sprang, wurde sie hochgehoben und zurück an den Beckenrand gesetzt – genau an dieselbe Stelle, an der sie vorher gewesen war. An ihrem nassen Gesicht merkte sie, dass sie sich das alles nicht nur eingebildet hatte.

In diesem Augenblick gingen im Haus ihrer Eltern alle Lichter an.

Sie schlang sich ihr Badetuch um und lief hinein. »Warum habt ihr denn alle Lampen angemacht?«, fragte sie ihren Bruder. Er erwiderte, er habe gar keine Lampe

angeschaltet, sondern die ganze Zeit an seinem Platz gesessen. Völlig verwirrt ging sie zu Bett.
Am nächsten Morgen erzählte sie ihren Eltern von ihrem seltsamen Erlebnis, und der Vater ging mit ihr zum Swimmingpool. Sie stellten fest, dass ein Stromkabel gerissen war und im Wasser lag!
Die Engel hatten ihr das Leben gerettet. Der Zeitpunkt, an dem sie sterben sollte, war eindeutig noch nicht gekommen gewesen.

Wenn ein Engel dir das Leben rettet, ist das häufig ein Alarmsignal, das dich aufrütteln und deinem Leben eine neue Richtung geben soll.

Peter Feldman wurde innerhalb einer Woche zweimal von Engeln gerettet. Seine Seele war entschlossen, ihm etwas klar zu machen – und er begriff den Wink.
Eines Tages, als er in zu hohem Tempo einen Hügel hinunterfuhr und heftig auf die Bremse treten musste,

weil sich vor ihm ein Verkehrsstau befand, geriet sein Auto auf die Gegenfahrbahn. Ihm war klar, dass er nun sterben musste. Doch da tat sich vor ihm wie durch ein Wunder eine Lücke zwischen den entgegenkommenden Autos auf; er schlitterte durch die Lücke hindurch und landete wohlbehalten am Bordstein. Dieses Wunder brachte ihn ziemlich aus der Fassung.

Fünf Tage später, als er an der Einfahrt seines Hauses aus dem Wagen stieg, tauchte neben ihm plötzlich ein Mann auf und hielt ihm einen Revolver an den Kopf. »Nehmen Sie das Auto, aber schießen Sie nicht«, bat Peter. Doch der Mann bedrohte ihn weiterhin mit dem Revolver, bis Peter in Panik geriet und zu schreien anfing. Da schoss der Mann ihn in den Bauch, sprang ins Auto und raste davon. Peter blieb in einer Blutlache liegen.

Seine Frau hörte ihn schreien und rief die Polizei. Sie brachten ihn schwer verletzt ins Haus und warteten auf den Krankenwagen.

Da fühlte er sich plötzlich von Wärme und Liebe umgeben. Ein Lichtengel hielt ihn in den Armen. »Muss ich sterben?«, fragte er den Engel.

»Nein. Es wird alles gut«, antwortete der Engel. »Du hast auf der Erde noch zu viel zu tun.«

Die Kugel hatte kein lebenswichtiges Organ verletzt, und Peter überlebte. Nun war er bereit, sein Leben zu ändern, und er tat es auch. Er ist einer der begabtesten, auf-

richtigsten Journalisten, die ich kenne – und er hat jetzt den Mut, über Engel zu sprechen und zu schreiben.

Eine Frau erzählte mir von ihrem Mann, der häufig geschäftlich in Deutschland zu tun hat. Bei einer seiner Geschäftsreisen übernachtete er in einem Hotel und fuhr am nächsten Morgen weiter. Zu seinem Entsetzen stellte er fest, dass er die Autobahnauffahrt in der falschen Richtung fuhr. Sofort rief er die Engel um Hilfe an.
Er wusste nicht, wie ihm geschah; doch im nächsten Augenblick befand er sich wie durch ein Wunder auf der richtigen Auffahrt.

Die Engel scheuen keine Überstunden, um dich zu beschützen!

DIENST AN UNSEREM PLANETEN

Setze dich ganz ruhig hin, und bitte die Engel, Menschen in Not zu helfen. Du kannst entweder für einen ganz bestimmten Ort oder eine bestimmte Person um Hilfe bitten oder auch einen allgemeinen Hilferuf für alle Menschen aussenden, die Schutz brauchen.

KAPITEL 20

Michael durchtrennt die Fesseln

Du kannst im Leben alles haben; doch in dem Augenblick, in dem du innerlich daran hängst, bist du gefesselt. Du kannst ein schönes Haus besitzen und darin leben; doch wenn du es brauchst, um dich sicher zu fühlen, bindet dich ein psychisches Band an dein Haus, und du bist nicht mehr frei. Du kannst einen einflussreichen Job und große Reichtümer haben; aber wenn du deinen Beruf oder deine Reichtümer für dein Selbstwertgefühl benötigst, wirst du zum Sklaven. Du kannst eine intensive Liebesbeziehung aufbauen; aber wenn du zu sehr von deinem Partner abhängig wirst, binden dich subtile psychische Fesseln an ihn, und du verlierst deine Freiheit. Dann werden all diese Dinge zu Fußketten, die dich in den niedrigeren Dimensionen festhalten.

Du kannst auch an schmerzliche alte Erinnerungen, Verletzungen, Zorn, Eifersucht und hundert andere negative Gefühle und Überzeugungen gebunden sein, die dich an eine niedrigere Seinsform fesseln. Sie verstricken dich in Abhängigkeit, Unglück, Armut und Krankheit.

Ein Meister hat alles, was er sich wünscht, und ist dabei doch innerlich frei und ungebunden.

Du kannst Erzengel Michael bitten, mit seinem mächtigen Schwert die Fesseln zu durchtrennen, die dich an die Vergangenheit binden, und dir den Mut und die Kraft zu geben, neue, bessere Wege zu gehen.

Wenn Erzengel Michael mit seinem Schwert die Fesseln durchtrennt, die dich an bestimmte Menschen und Situationen binden, so hat das einen enormen Einfluss auf alle Bereiche deines Lebens – auch auf deine Gesundheit.
Jackie Roxborough erzählte mir folgende Geschichte, die von Mut, Ausdauer und einem Wunder handelt.

Im Februar 1994 wurde Jackie sehr krank. Der Arzt diagnostizierte Diabetes mellitus. Ursache war eine Schilddrüsenerkrankung. Da Jackie fest daran glaubte, dass wir in der Lage sind, solche Probleme abzuwenden, begann sie sich mit physischen und metaphysischen alternativen Heilmethoden zu befassen.
Ungefähr zwei Jahre lang bemühte sie sich, ihre Krankheit ohne Insulin in den Griff zu bekommen, obwohl ihre Ärzte, die nur an die Schulmedizin glaubten, kein Verständnis dafür hatten. Während dieser Zeit magerte sie

sehr ab und konnte schließlich doch nicht mehr ohne Insulin auskommen. Aber inzwischen hatte ihr Körper eine Insulinresistenz entwickelt, sodass sie weitere zwei Jahre »verlor«. Während dieser Zeit nahm sie das Leben nur noch wie aus weiter Ferne wahr und schlief oft tage- und wochenlang durch.

In diesem kritischen Zustand geriet sie an einen Arzt, der eine Klinik für Schilddrüsenerkrankungen leitete und ihr helfen konnte. Innerhalb von vier Tagen lichteten sich die Nebel, die ihre Welt umgaben, und sie begann zu genesen.

Dann wurde sie wieder krank. Diesmal war ihr Arzt überzeugt davon, dass sie an einer schweren Gefäßerkrankung der Schädelarterien litt, und warnte sie, wenn sie ihr Kortison nicht einnehme, könne sie jederzeit tot umfallen. Doch Jackie widerstrebte es, Medikamente zu nehmen. Ihr Arzt war sehr verständnisvoll und ließ sie von verschiedenen Experten untersuchen. Doch alle bestätigten die Diagnose. Jackie schwebte in Lebensgefahr. Jeden Tag wurde ihr Blut zur Untersuchung abgenommen, und der Arzt hatte jedes Mal nur schlechte Nachrichten für sie. Im Laufe der Woche geriet Jackie immer mehr in Panik und vereinbarte mit ihrem Arzt, dass sie ihre Medikamente einnehmen und eine Biopsie durchführen lassen werde, wenn das Ergebnis der letzten Blutuntersuchung auch wieder so negativ oder womöglich noch schlechter ausfallen sollte als bisher.

An diesem Tag trat sie mit einem Heiler in Kontakt, der ihr riet, Erzengel Michael um Hilfe anzurufen. Sie solle ihn bitten, ihre Fesseln mit seinem Schwert zu durchtrennen, damit sie der Situation aufrichtig entgegentreten könne. Sie tat es, und dieser Augenblick hat ihr ganzes Leben verändert. Erzengel Michael durchtrennte alle Bindungen, die sie an die Erde fesselten, und sie empfand ein Gefühl vollkommenen Friedens.

Am nächsten Tag fand wieder eine Blutuntersuchung statt; und wieder waren ihre Werte völlig abnormal.

In der darauf folgenden Nacht meditierte sie und bat um mehr Hilfe für das, was nun unvermeidlich schien. Da erschien am Fußende ihres Bettes ein überwältigend schönes, ungefähr drei Meter großes, goldenes Engelwesen. Das goldene Licht, das es verströmte, war atemberaubend schön und bestand aus reiner Liebe. Jackie empfand noch tieferen Frieden als am Tag zuvor.

Am nächsten Tag rief der Arzt an und teilte ihr mit, ihre Blutwerte seien völlig normal.

»Obwohl ich bis an die Grenzen meines Glaubens und Vertrauens getrieben wurde«, schrieb die tapfere Frau mir, »betrachte ich diesen Kampf um meine Gesundheit immer noch als das positivste, erleuchtendste Erlebnis, das mir je hätte widerfahren können. Jetzt bin ich viel gesünder und widerstandsfähiger. In spiritueller Hinsicht werde ich immer bewusster, außerdem verstehe ich meine Rolle im Leben jetzt besser. Sie wird mir von Tag

zu Tag klarer. Meine Aufgabe ist es, durch Klangarbeit dazu beizutragen, die Schwingung der Menschheit auf eine höhere Ebene emporzuheben. Ich fühle mich durch diesen Auftrag sehr geehrt.«

Früher half ich Menschen, ihre Fesseln zu durchtrennen, indem ich sie aufforderte, sich vorzustellen, sie säßen in einer Hälfte der Ziffer acht und die Sache oder Person, die sie loslassen wollten, in der anderen. Das ist eine sehr wirksame Visualisation. Doch da ich auch schon mit Engeln gearbeitet und erlebt habe, mit welch ungeheurer Kraft Erzengel Michael unsere Fesseln durchtrennt, bitte ich ihn stets um Hilfe. Sein Licht kann negative Energie in positive verwandeln, sodass wir zum Kern des Problems vordringen.
Das Band zwischen anderen Menschen darfst du jedoch nicht ohne ihre Erlaubnis durchschneiden, denn das wäre ein Verstoß gegen das Gesetz des freien Willens. Aber du kannst Erzengel Michael bitten, die kollektiven Fesseln der Menschheit zu durchtrennen. Dein Gebet wird den Faden verstärken, den die Menschen mit ihren Gebeten zu ihm spinnen, und ihm die Möglichkeit geben, etwas zu tun.

Es kommt auch häufig vor, dass eine Nation an ihrem Zorn über einen längst vergangenen Krieg oder eine längst vergangene Ungerechtigkeit festhält. Auf diese Weise kann sie sich nicht weiterentwickeln. Ganze Gruppen von Menschen klammern sich an ihre Angst vor bestimmten Krankheiten. Viele sind psychisch an die große Gedankenform »Aids« gefesselt. Doch durch ihre panische Angst öffnen sie sich für diese Gedankenform und ziehen sie an.
In manchen Ländern sind viele Menschen an die kollektive Überzeugung gefesselt, dass sie materiellen Wohlstand brauchen, um etwas wert zu sein. Bei anderen besteht der kollektive Glaube darin, dass es keinen Ausweg aus der Armut gibt.
Manche Religionen halten an ihrem Glauben an die Verfolgung fest und ziehen sie dadurch an.
Jetzt ist es an der Zeit, dass die erweckte Menschheit Erzengel Michael anruft und ihn bittet, diese negativen Gedankenformen von ihr zu lösen und in etwas Positives zu verwandeln.

DIENST AN UNSEREM PLANETEN

Bitte Erzengel Michael immer wieder, die psychischen und metaphysischen Fesseln zu durchtrennen, die dich an bestimmte Situationen, Dinge, negative Emotionen

und Menschen (mit Ausnahme deiner kleinen Kinder) binden.
Bete zu Erzengel Michael, dass er auch die kollektiven Fesseln durchtrennen möge, die bestimmte Gruppen von Menschen an negative Überzeugungen und Gefühle hinsichtlich vergangener Ereignisse oder Ängste binden, und dass er sie in etwas Positives verwandelt.

KAPITEL 21

Erzengel Jophiel

Der mächtige Erzengel Jophiel ist der Engel der Weisheit und Erleuchtung. Gemeinsam mit seiner Archeia oder Zwillingsflamme Christine bringt er die Weisheit Gottes auf die Erde. Wie der Name bereits verrät, ist Christine ein Engel, der Christusbewusstsein besitzt. Die Aufgabe dieser beiden Erzengel besteht darin, die Menschheit zu erleuchten, ihr das wahre Verständnis der Lehren der Leuchtenden Wesen zu vermitteln und jedem Einzelnen seinen höchsten Weg zu erhellen. Sie helfen dir, den idealen Plan für dein Leben anzuziehen, und setzen starke Lichtströme frei, die dein Gehirn umfließen und es von negativen Gedanken befreien.

Erzengel Jophiel hilft dir, deine Aufmerksamkeit weg von deinem Ich sowie materiellen Dingen hin zum Christusbewusstsein zu lenken. Er bringt dir Erleuchtung und Verständnis, Gesundheit und Wohlstand. Wenn Weisheit und Klarheit in deine Gedanken einkehren, hast du keine Angst mehr.

Jophiel und Christine sind die Erzengel des zweiten, gelben Strahls. Gelb ist die Farbe unserer Gedanken, die zu Gold wird, sobald wir uns einer größeren Weisheit öffnen. Die beiden Erzengel helfen vor allem Lehrern, Schülern und Studenten an Schulen und Universitäten; sie befähigen uns, Informationen in uns aufzunehmen und zu behalten, zu studieren und Prüfungen zu bestehen.

Sie helfen uns Menschen auch, an einem Glauben oder einer Vision festzuhalten oder uns für eine wichtige Sache zu engagieren.

Erzengel Jophiel arbeitet eng mit Kut-Humi zusammen, dem Meister oder Chohan des tiefblauen Aspekts des zweiten Strahls, der als Liebe-Weisheits-Strahl bekannt ist.

Meister Kut-Humi gehört zur Bruderschaft der Goldenen Robe, die die Schmerzen der Welt auf sich nimmt. Sein Aufenthaltsort ist auf dem Machu Picchu. In einer früheren Inkarnation war er Pythagoras und brachte der Menschheit die heilige Geometrie und die Sphärenklänge. Er war auch der Weise Balthasar, Shah Jahan, der das Taj Mahal erbauen ließ, und der heilige Franz von Assisi.

Rufe die höheren Wesen dieses Strahls an, wenn du anderen Menschen Wahrheit und Erkenntnis vermitteln möchtest oder dir mehr Taktgefühl und Weitblick, Weisheit, Intuition und die Fähigkeit wünschst, mehr über dein Fachgebiet zu lernen.

Erzengel Jophiel hat die Aufgabe, das Scheitelchakra aller Menschen zu erweitern, damit sie mit ihrem

Höheren Selbst in Kontakt treten können. Das Scheitelchakra ist der tausendblättrige Lotos auf dem Scheitelpunkt unseres Kopfes. Wenn diese Lotosblüte sich Blatt für Blatt öffnet, können wir mehr göttliche Erleuchtung empfangen. Die goldene Krone, die Könige und andere hohe Würdenträger tragen, symbolisiert die Öffnung dieses Chakras, durch die wir mit Gott in Verbindung treten können.

Am Sonntag ist Erzengel Jophiels Einfluss auf der Erde am stärksten spürbar. Sein Aufenthaltsort liegt südlich der Chinesischen Mauer. Befiehl deinem Geist, während der Meditation oder nachts im Traum dorthin zu gehen, wenn du dir Erleuchtung oder Weisheit wünschst, mit deinem Höheren Selbst verschmelzen möchtest oder Hilfe bei deinen Studien oder bei deiner Tätigkeit als Lehrer brauchst.

Immer wenn du in einer Sache festgefahren bist und dir dann plötzlich ganz klar eine Lösung vor Augen steht, hat dich wahrscheinlich einer von Erzengel Jophiels Engeln erleuchtet. Auch plötzliche Inspirationen kommen von Jophiel.

Wenn du eine Rede oder einen Vortrag halten musst, rufe Erzengel Jophiel um Hilfe an. Wenn dir beim Reden die Ideen ausgehen und du nicht mehr weiterweißt, sende einen Hilfe suchenden Gedanken nach ihm aus, und er wird sofort für dich da sein.

Rosemary sagt, dass sie oft mit ihrem Engel – einem großen silbernen Wesen – zusammenarbeitet. Eines Tages stellte ihr bei einer Präsentation jemand eine Frage. Da erstarrte sie plötzlich zur Salzsäule. Es war ihr furchtbar peinlich – aber ihr fiel absolut nichts ein. Sie konnte die Frage nicht beantworten.
Da bat sie ihren Engel ganz ruhig, durch sie zu sprechen. Blitzartig fiel ihr die Antwort ein, und sie konnte sie mühelos formulieren.
Hinterher kam eine Frau aus dem Zuhörerraum auf sie zu und sagte: »Mitten in Ihrer Präsentation hat ein silberner Engel zu Ihnen gesprochen.«

Bei einem Seminar sprach ich über die vielen Möglichkeiten, wie Erzengel Jophiel Lehrern bei ihrer Tätigkeit helfen kann. Ein paar Tage später erhielt ich folgenden Brief von einer Lehrerin, die zusammen mit einer Freundin an meinem Seminar teilgenommen hatte:

»Die Freundin, die mich zu Ihrem Seminar begleitete, unterrichtet sechsunddreißig zehnjährige Jungen. Am Montag kam ich in ihre Klasse, und es war so mucksmäuschenstill, dass ich einen der männlichen Lehrer hereinholte und ihn aufforderte, eine halbe Minute in dem Klassenzimmer zu bleiben, ohne ihm zu erklären, warum. »Was ist denn hier los?«, fragte er, als er wieder herauskam. »Welchen Zaubertrick muss ich vollbringen, damit die Schüler bei mir auch so ruhig sind?«

Immer wenn du an eine Schule oder Universität denkst oder mit dem Auto daran vorbeifährst, bitte Erzengel Jophiel und seine Engel, die Lehrer und Schüler, die sich in dem Gebäude aufhalten, zu erleuchten. Natürlich kannst du auch um Hilfe für einzelne Kinder bitten.
Vielleicht ist dir gar nicht klar, was du damit alles bewirken kannst. Jedes Mal, wenn du die Engel bittest, eine Situation zu verbessern, werden ein oder mehrere Engel ausgesandt, um deinen Auftrag auszuführen. Dass wir normalerweise nichts davon sehen, liegt nur daran, dass die Engel auf einer Frequenz arbeiten, die jenseits unseres Frequenzbereichs liegt.

Debbie Mann hat schon häufig Engel gesehen. Sie kommuniziert ständig mit ihnen. Als sie einmal vor der Schule auf ihre Tochter wartete, bat sie die Engel, alle Kinder in der Schule mit ihrer heilenden Kraft zu umgeben.
Da erschien sofort ein riesiger Engel, der wie ein großes Licht aussah, und tauchte die ganze Umgebung in Liebe und heilende Energie ein. Siehst du jetzt, was für eine erstaunliche Wirkung es hat, wenn man die Engel anruft?

Die Engel der Erleuchtung und Weisheit helfen auch Botschaftern, Politikern und Menschen, die einflussreiche oder mächtige Positionen innehaben. Also bitte diese wunderbaren Wesen, diese Menschen zu führen und ihnen zu helfen, damit sie dem höchsten Wohl aller dienen können.

DIENST AN UNSEREM PLANETEN

Konzentriere dich auf eine Ausbildungsstätte, und bitte Erzengel Jophiel und die Engel der Erleuchtung und Weisheit, allen Schülern und Lehrern dort beizustehen. Stelle dir vor, wie die goldene Farbe das Gebäude erfüllt und alle Menschen berührt, die sich darin aufhalten.

Du kannst diese Engel auch in Rathäuser, Parlamentsgebäude, Gerichtshöfe und andere Orte schicken, wo wichtige Entscheidungen getroffen werden.

KAPITEL 22

Erzengel Chamuel

Der mächtige Erzengel Chamuel ist der Engel der Liebe, der die Flamme der Liebe in dir vergrößert und dir hilft, dein Herz zu öffnen. Er erfüllt dich mit bedingungsloser Liebe und befähigt dich, diese Liebe durch Kreativität aller Art auszudrücken.

Seine Zwillingsflamme ist die Nächstenliebe, die dich mit den weiblichen Eigenschaften der Gnade und Zärtlichkeit, des Mitgefühls und Einfühlungsvermögens berührt. Gemeinsam konzentrieren diese beiden Erzengel sich darauf, die Herzensenergie von Friedensstiftern, Philosophen und allen Menschen zu stärken, die höhere Wahrheiten verbreiten möchten. Sie lassen Liebe und Licht in die Herzen von Künstlern, Schriftstellern, Bildhauern und allen Menschen strömen, die ihre Arbeit aus dem Herzen heraus tun, und befähigen alle schöpferischen Menschen, in ihrem Werk das Christusbewusstsein zum Ausdruck zu bringen.

Erzengel Chamuel und die Nächstenliebe bringen uns den dritten Lichtstrahl, den rosafarbenen Strahl der aktiven, kreativen Intelligenz. Das ist der Lichtstrahl der bedingungslosen Liebe. Diejenigen, welche die höchsten

Aspekte dieses Lichtstrahls zum Ausdruck bringen, sind engagiert, aufrichtig, fantasievoll, können klar denken und systematisch arbeiten. Die weniger entwickelten Wesen dieses Lichtstrahls müssen vielleicht noch daran arbeiten, Eigenschaften wie Starrsinn und Zerstreutheit in den Griff zu bekommen und mehr Toleranz und gesunden Menschenverstand zu entwickeln. Die Erzengel werden ihnen dabei helfen.

Sie arbeiten eng mit Serapis Bey, dem Chohan oder Meister des dritten Lichtstrahls, zusammen, der ursprünglich von der Venus stammt und hierher gekommen ist, um unserem Planeten zu helfen. Er ist der einzige Aufgestiegene Meister, der mit den Seraphim zusammenarbeitet, jenen unvorstellbar mächtigen Wesen, die die Gottheit umgeben und die Schwingung der Schöpfung aufrechterhalten. Serapis Bey war in seinen früheren Inkarnationen ein Priester in Atlantis und Amenophis V. (Echnaton), einer der großen Pharaonen. Sein Aufenthaltsort ist Luxor. Wenn du das Gefühl hast, in einer vergangenen Existenz in Ägypten gelebt zu haben, besuche in der Meditation oder im Schlaf seinen Aufenthaltsort; dann kannst du dich deinen früheren Fähigkeiten und deiner früheren Weisheit öffnen.

Erzengel Chamuel ist mit der Entwicklung des Herzchakras bei allen Menschen betraut. Auf der Ebene der dritten Dimension ist dieses Chakra grün – die Farbe der Natur – und hat eine rosafarbene Mitte. Wenn du dich weiterentwickelst, nimmt es einen helleren Rosaton an, und die spirituelle Farbe Violett entsteht. Das Herzchakra der vierten Dimension ist blass rosaviolett. In der fünften Dimension, in der du zum Aufgestiegenen Meister wirst, ist es reinweiß. Serapis Bey hütet die weiße Flamme für uns Menschen. Wenn du dein Herzchakra bis zu dieser Ebene ausdehnst, trägst du das Christusbewusstsein in dir. Dein kosmisches Herz ist jetzt geöffnet, und du trittst mit der kosmischen Liebe in Kontakt.

Du kannst Chamuel und die Nächstenliebe anrufen, wenn dein Herz gebrochen oder verletzt ist. Sie werden dir helfen, es zu heilen. Wenn es durch Schmerz oder die Unfähigkeit, einem anderen Menschen zu verzeihen, blockiert ist, bitte sie, dich versöhnlich zu stimmen. Sie werden die Steine in deinem Inneren zum Schmelzen bringen, die durch unverarbeitete Gefühle des Zorns und der Verletzung, Angst und Schuld entstanden sind.

Chamuels spiritueller Aufenthaltsort liegt in St. Louis (Missouri). Bitte darum, dich nachts im Traum dort hinbegeben zu dürfen; das wird dein Herz erwecken. Dann wirst du im Schlaf von der Liebe dieses Erzengels eingehüllt.

Montags strahlt seine Energie am stärksten auf die Erde. Alle Engel der Liebe unterstehen Erzengel Chamuel. Sie kommen in reinem Mitgefühl und reiner Liebe zu dir, wenn du sie brauchst. Die Liebesengel helfen dir zum

Beispiel, verlorene Gegenstände wiederzufinden. Bitte sie einfach in aller Ruhe um Hilfe, und sie werden dir deine Besitztümer wiederbringen, wenn es möglich ist.

Ich bekomme immer wieder Briefe von Menschen, die die Engel der Liebe um Hilfe angerufen haben, wie beispielsweise von Lucy. Jeden Tag bat sie die Engel, über sie zu wachen, und baute fest darauf, dass sie es auch wirklich tun würden. Eines Nachts verlor sie in einem Nachtclub ihren Geldbeutel. Am nächsten Tag fragte sie in dem Club nach, ob ihn jemand gefunden habe. Sie sprach mit mehreren Leuten – vergebens. Zum Schluss fragte sie den Mann an der Garderobe, der ihn auch tatsächlich gefunden hatte. Das ganze Geld war noch darin.

Die Engel der Liebe werden innerhalb der Richtlinien des Spirituellen Gesetzes tun, was sie können, um dir deinen Lebensweg zu ebnen.
Du kannst etwas sehr Schönes tun, was dich sehr glücklich machen wird. Schließe die Augen, und bitte die Engel, dich mit ihrer Liebe zu überschütten wie mit einem Regenschauer. Wenn du sensibel bist, wirst du spüren, wie der Liebesschauer der Engel sanft auf dich herabrieselt.

DIENST AN UNSEREM PLANETEN

Schließe die Augen, und bitte die Engel der Liebe, einen Menschen oder Ort, der es nötig hat, mit ihrem Liebesschauer zu überschütten.

KAPITEL 23

Chamuels Engel der Liebe

Die Engel können dir keine schmerzlichen Verluste ersparen, wenn diese ein Teil des göttlichen Plans sind, mit dem deine Seele sich einverstanden erklärt hat. Aber sie können dich trösten.

Marie Peads Sohn Martin verunglückte auf der Ölbohrinsel North West Hutton nördlich der Shetlandinseln. Erst einige Tage nach dem Unglücksfall konnte die Familie ihn in der Leichenhalle sehen.
Marie war von Kummer überwältigt und bat darum, mit dem Sarg allein gelassen zu werden. Sie war so verzweifelt, dass sie sich auf den Sarg legte, um näher bei ihrem Sohn zu sein. Da spürte sie die Gegenwart von Engeln, die mit ihr weinten.
Drei Jahre nach dem Tod ihres Sohnes war sie immer noch sehr traurig. Eines Tages, als sie ruhig zu Hause saß, kam ein Engel zu ihr ins Zimmer. In strahlendes

Licht getaucht stand er vor ihr und sagte: »Wir sind aus unserem Reich zu dir gekommen, um dich eine kurze Zeit lang die Liebe dieses Reiches spüren zu lassen.« Der Engel erfüllte sie mit einer Liebe, die über jedes menschliche Verständnis hinausging. »Dieses Erlebnis habe ich nie wieder vergessen«, sagt Marie.

Nach dem Tod eines geliebten Menschen fühlen wir uns oft hilflos und verloren.

Carol erzählte uns, wie untröstlich sie war, als ein guter Freund von ihr starb. Als sie weinend zu Hause saß, wurde sie plötzlich von Liebe erfüllt – Liebe zu allen Menschen. Sie spürte, wie dieses wunderbare Licht der Liebe in ihr wuchs und wie sie es in alle Richtungen ausstrahlte. Sie leuchtete von innen heraus.
Als ihr Mann nach Hause kam, lief sie ihm entgegen, schlang die Arme um ihn und sagte: »Ich liebe dich. Ich liebe alles und jeden.«

Danach verblassten das Licht und das unbeschreibliche Gefühl allmählich wieder.

Menschen, die ihre Arbeit mit offenem Herzen tun, erscheinen die Engel der Liebe oft ganz unerwartet.

Joy arbeitet mit Behinderten. Eines Tages heilte sie ein Mädchen namens Sarah. Die Eltern waren auch mit im Behandlungszimmer.
Mitten in der Sitzung wurden Joy, Sarah und ihre Eltern plötzlich von einem großen Engel umschlungen und in sein strahlendes Licht gehüllt. Die Zeit blieb stehen. Dann verschwand der Engel wieder, und die vier blickten einander in stummer Verblüffung an. Sie waren alle von einer grenzenlosen Liebe erfüllt.

Engel der Liebe tun, was sie können, um ein verletztes Herz zu heilen.

Vor vielen Jahren starb Carolyns dreizehnjähriger Bruder Paul bei einem Autounfall. Ihr Vater war völlig am Boden zerstört.

Ein paar Monate nach Pauls Tod träumte Carolyn, wie eine goldene Gestalt das Zimmer betrat, in dem sie mit ihrem Vater saß, ihm die Hand entgegenstreckte und sagte: »Komm mit.« Der Vater ergriff die Hand des Engels und ging mit ihm.

Es war ein so lebhafter Traum, dass sie aufwachte und dachte, ihr Vater sei gestorben. Sie schaute auf die Uhr. Es war Viertel nach zwei. Carolyn wollte aufstehen und nachsehen, ob mit ihrem Vater alles in Ordnung war, konnte sich aber nicht vom Fleck rühren. Es war, als werde sie von einer unsichtbaren Kraft im Bett festgehalten. Also beschloss sie, weiterzuschlafen.

Am nächsten Morgen kam ihr Vater zu ihr ins Zimmer. »Heute Nacht ist Paul zu mir gekommen«, sagte er. Sie fragte ihn, um welche Uhrzeit das gewesen sei. »Um Viertel nach zwei«, antwortete er.

Da wusste sie, dass die Engel Paul auf die Erde gebracht

hatten, um ihren Vater zu trösten, und sie gleichzeitig im Bett festgehalten hatten, damit sie das Wiedersehen der beiden nicht störte.

Engel bemühen sich nach Kräften, über Kinder zu wachen. Doch wenn das Höhere Selbst oder die Seele des Kindes sich vor seiner Geburt für bestimmte Lebensumstände entschieden hat, sind die Engel gezwungen, alles geschehen zu lassen, und dürfen nicht eingreifen.
Aber manchmal eröffnen Gebete von Angehörigen oder Massengebete ihnen einen Weg, den Kindern trotzdem zu helfen.

Eine Frau erzählte mir folgende herzzerreißende Geschichte von ihrer frühen Kindheit im Deutschland des Zweiten Weltkrieges. Als sie dreieinhalb Jahre alt war, wurden ihre Eltern in ein Konzentrationslager gebracht. Sie blieb ganz allein zurück.

Ihre Pflegeeltern behandelten sie menschenunwürdig. Nachts schlossen sie sie in einen Schrank ein, und sie durfte weder sprechen noch auf die Toilette gehen. Eines Nachts musste sie dringend auf die Toilette, wagte aber nicht, an die Schranktür zu klopfen und ihre Pflegeeltern zu bitten, sie hinauszulassen.
Da erschien ihr plötzlich ein Licht, und inmitten dieses Lichts stand ein Engel, der sie in Liebe hüllte. »Seit diesem Augenblick habe ich nie wieder Angst gehabt«, sagte die Frau.

Wie bereits erwähnt, suchen Liebesengel auch nach verlorenen Gegenständen und helfen dir, sie wiederzubekommen.

Meine Freundin Elizabeth erzählte mir, dass sie immer die Engel der verlorenen Gegenstände um Hilfe bittet. Vor ein paar Tagen bekam sie einen Anruf von einer Freundin, die in heller Aufregung war. Sie musste in einer benachbarten Stadt Unterricht geben und hatte all ihre Notizen und Bücher ins Auto gelegt und dann den Schlüssel verloren. Sie bat Elizabeth, sie so schnell wie möglich zum College zu fahren, damit sie ihren Unterricht wenigstens noch pünktlich abhalten konnte – wenn auch ohne Notizen.

Auf der Fahrt zu ihrer Freundin bat Elizabeth die Engel der verlorenen Gegenstände, den Autoschlüssel zu suchen. Als sie die Einfahrt zum Haus der Freundin erreichte, wartete diese schon auf sie und hielt freudestrahlend den Autoschlüssel in die Höhe. Sie hatte ihn dreißig Sekunden zuvor gefunden.

Manchmal geben die Engel der Liebe auch so lange auf deine verlorenen Habseligkeiten Acht, bis du Gelegenheit hast, sie dir wiederzuholen.

Meine Freundin Soozie Holbeche machte mit ihrem Mann eine Reise durch Ägypten. Sie waren mit dem Zug unterwegs und nahmen anschließend ein Taxi zu einem Hotel. Als sie dort ankamen, stellte ihr Mann zu seinem großen Schrecken fest, dass er seinen Lieblingsfüllfederhalter verloren hatte. Wahrscheinlich hatte er ihn im Zug liegen lassen, und jemand hatte ihn eingesteckt. Sofort visualisierte Soozie einen goldenen Ring rund um den Füllfederhalter – wo immer er auch sein mochte – und bat die Engel, auf ihn aufzupassen. Ihr Mann bat den Taxifahrer, zum Bahnhof zurückzufahren – und tatsächlich: Der Füller lag noch unter dem Sitz in ihrem Abteil, wo ihr Mann ihn hatte fallen lassen.

Also verzweifle nicht, wenn du einmal etwas verlierst, sondern entspanne dich, und bitte die Engel, den Gegenstand in Sicherheit zu bringen und dir zu helfen, ihn wiederzufinden. Wenn der Gegenstand dir nach göttlichem Recht gehört, werden sie auf ihn Acht geben. Wenn nicht, dann verzichte einfach auf ihn.

DIENST AN UNSEREM PLANETEN

Wenn du aus den Medien erfährst, dass ein Mensch Kummer hat, setze dich ganz ruhig hin, und fordere Erzengel Chamuels Liebesengel auf, das Herz dieses Menschen mit Liebe zu erfüllen und ihn schützend mit ihren Flügeln zu umfangen.

KAPITEL 24

Erzengel Gabriel

Der mächtige Erzengel Gabriel ist der Engel der Harmonie, Schönheit, Reinigung und Kunst.

Seine Zwillingsflamme ist die Hoffnung, die reine Flamme der Muttergottes. Sie ist der göttliche Funke in deinem Herzchakra, der dir die Kraft und die Hoffnung gibt, weiterzugehen, statt auf deinem Lebensweg stehen zu bleiben.

Gabriel erfüllt dich mit Hoffnung, Spiritualität und Liebe und fördert deine Intuition. Er steht für Klarheit, Reinheit, Ordnung und Disziplin. Wenn du gern mehr von diesen Eigenschaften hättest, rufe ihn um Hilfe an. Dem Erzengel Gabriel unterstehen die Engel der Führung. Sie helfen dir, den Lebensplan zu verstehen, auf den du dich mit deinen spirituellen Beratern und den Herren des Karmas geeinigt hast, bevor du deinen Lebensweg auf der Erde antratest.

Gabriel und die Hoffnung erinnern dich an die ideale Vision deiner selbst, an die göttlichen Möglichkeiten, die in dir stecken. Sie zeigen dir den nächsten Schritt in deinem Leben; wenn du bereit dazu bist, offenbaren sie dir auch, worin deine Mission auf der Erde besteht. Du kannst Erzengel Gabriel in der Meditation darum bitten, die Symbole deiner Lebensaufgabe in deiner Aura zu erhellen, damit du die dazu passenden Menschen und Gelegenheiten anziehst. Er wird dich führen und dir auf deinem Lebensweg weiterhelfen. Also achte auf seine Signale. Er schenkt dir auch die Disziplin, Ausdauer, Leistungsfähigkeit und innere Klarheit, die du brauchst, um deinen Weg zu verfolgen.

Wenn dir morgens beim Aufwachen eine Inspiration für deinen nächsten Schritt oder eine neue Idee für deine Arbeit kommt, hast du im Schlaf wahrscheinlich seinen spirituellen Aufenthaltsort aufgesucht.

Falls es Widerstände gegen die Erfüllung deiner Mission zu geben scheint, werden Gabriels Engel der Führung dir helfen, sie zu beseitigen, wenn du sie darum bittest. Gabriel arbeitet im reinweißen Licht, der reinsten Essenz aller Strahlen. Wenn du der inneren Reinigung bedarfst, dann bitte darum, dich im Traum oder in der Meditation zu seinem spirituellen Aufenthaltsort auf dem Mount Shasta zu begeben. Dann wird er an deiner Energie arbeiten und dich von alten Erinnerungen, Denkmustern oder Überzeugungen befreien, die dich daran hindern, weiterzukommen. Viele Suchende auf dem Weg zum Aufstieg in höhere Dimensionen versuchen ihr Lichtniveau zu erhöhen, obwohl sie in Wirklichkeit erst einmal alte Verflechtungen beseitigen müssten, ehe sie mehr Licht in sich aufnehmen können.

Gabriel wird gemeinsam mit dir an diesem Problem arbeiten.
Einer seiner spirituellen Aufenthaltsorte ist auch Findhorn, wo er ebenfalls Seelen reinigt und ihnen bei ihrer Erweckung hilft.
Jedes menschliche Wesen befindet sich auf einer Reise zum Licht. Wenn du beschließt, das Bewusstsein der niedrigeren, materiellen Welt hinter dir zu lassen, machst du eine Kreuzigung durch. Das ist eine äußerst schmerzhafte Zeit der Prüfung. Vielleicht leidest du physische Schmerzen oder seelische Qualen, weil du einen geliebten Menschen, deine Arbeit oder deinen guten Ruf verloren hast. Doch danach steigst du zu einer höheren Bewusstseinsstufe auf. Nach der Kreuzigung kommt die Auferstehung – dann kannst du die höheren Dimensionen erreichen. Auf diesem Weg finden immer wieder Initiationen statt, die noch schmerzhafter sind als eine Kreuzigung, denn dabei wird dir alles genommen, was dir bisher wichtig war. Das ist eine Prüfung, bei der sich zeigt, wie sehr du noch an deinem Ich hängst.
Jeder Mensch hat eine andere Reise vor sich. Wenn du diese Prüfungen bereits in einem früheren Leben bestanden haben solltest, verlangt deine Seele vielleicht nicht von dir, dass du sie noch einmal durchmachst.
Gabriel hilft dir bei der Auferstehung, beim Ritual des Aufstiegs in höhere Dimensionen und wohnt deiner Himmelfahrtszeremonie auf den inneren Ebenen bei.

Erzengel Gabriel arbeitet auf dem vierten Strahl. Sein Mitarbeiter, der Aufgestiegene Meister von Shambhala, dem der smaragdgrüne Aspekt des vierten Strahls anvertraut ist, ist Paul der Venezianer. Seine Aufgabe ist es, die Kunst und die Musik tiefer in unserer Erfahrungswelt zu verankern, sodass wir Menschen wirklich spüren können, was ein Künstler oder Musiker mit seinem Werk zum Ausdruck bringt. Er und Erzengel Gabriel arbeiten von Natur aus eng zusammen. Gemeinsam bringen sie neue kosmische Konzepte für die Künste hervor: eines aus der menschlichen Perspektive, das andere aus der Perspektive der Engel.

Wenn du deinen niedrigeren Willen zum Ausdruck bringst, entstehen daraus Konflikte und Kämpfe. Der Ausdruck deines höheren Willens hingegen führt zu totaler Harmonie.

Menschen vom vierten Strahl sind Architekten, Bauunternehmer, Musiker, Künstler, spirituelle Führer und spirituelle Wissenschaftler aller Art. Erzengel Gabriel taucht sie in sein Licht.

Am Freitag ist seine Energie am stärksten auf unserem Planeten zu spüren. Das ist ein guter Tag, um ihn anzurufen und mit seiner Energie in Verbindung zu treten.

Das Chakra, das Gabriel uns Menschen weiterzuentwickeln hilft, ist das Wurzelchakra. Auf der physischen Ebene der dritten Dimension ist es rot und hat

mit deinem Überleben auf diesem Planeten zu tun. Wenn es sich zu einem Chakra der vierten Dimension weiterentwickelt, nimmt es eine leuchtend perlweiße Farbe an, befähigt dich, in Freude zu leben, und erleuchtet alle Zellen deines Körpers. Dein Wurzelchakra der fünften Dimension ist platinfarben. Wenn dieses Chakra fest in dir verankert und integriert ist, führst du ein Leben in Glückseligkeit als Meister. Dann befindest du dich geradewegs auf dem Weg in höhere Dimensionen, und Erzengel Gabriel wacht über deine Reise.
Ursprünglich waren das Wurzelchakra und das Sakralchakra in unserem Unterleib – unser emotionales und unser sexuelles Zentrum – eins. Doch inzwischen sind diese beiden Chakren voneinander getrennt, und Erzengel Gabriel wacht über ihrer beider Entwicklung.

Gabriel ist auch der Engel der Geburt. Er ist immer dabei, wenn eine neue Seele auf die Erde kommt. Bitte ihn um seinen Segen für alle neugeborenen Lebewesen. Ich sprach einmal mit einer sehr sensitiven, aber dennoch gut geerdeten Krankenschwester, die mir erzählte, dass schon viele ihrer Kolleginnen bei der Geburt von Babys Engel gesehen hätten. Erzengel Gabriel war es, der Maria eröffnete, dass sie den Sohn Gottes zur Welt bringen werde.
Er hat auch Mohammed dazu inspiriert, die Religion des Islam zu begründen.

DIENST AN UNSEREM PLANETEN

Beauftrage Erzengel Gabriels Engel der Reinheit und Führung in aller Ruhe, ihr weißes Licht auf jene Menschen herabzustrahlen, die verwirrt oder deprimiert sind.
Wenn du spürst, dass ein Mensch sich verirrt hat oder nicht weiterweiß, bitte Erzengel Gabriel, ihn zu führen, damit er seinen Weg wiederfindet.

KAPITEL 25

Erzengel Raphael

Der mächtige Erzengel Raphael ist der Engel der Heilung, Kreativität, Wahrheit und Vision, des inneren und äußeren Reichtums. Seine Zwillingsflamme ist Maria, die Mutter Jesu Christi, auch als »Königin der Engel« bekannt.

Raphael verkörpert die männliche, aktive, erschaffende Energie des Heilens, während Maria uns die weibliche Energie des Hegens und Pflegens, des Mitgefühls und der Gnade bringt. Sie ist unsere mütterliche Beschützerin. Diese beiden Erzengel sind immer da, um Ärzten, Krankenschwestern, Heilern und Müttern bei ihrer Arbeit zu helfen.

Raphael hat die Aufgabe, das Dritte Auge der Menschen zu entwickeln. Die Eigenschaften dieses Stirnchakras sind Vision, Intuition, Konzentration, Zielstrebigkeit und Wahrheit. Raphael hilft dir, deine innere Vision zu entwickeln und ein Seher zu werden. Er ist auch der Schutzpatron der Blinden.

Unser Drittes Auge arbeitet auf vielen verschiedenen Ebenen. Hellsichtigkeit ist die Fähigkeit, über das Physische hinaus in die inneren Bereiche hineinzusehen.

Wenn das Dritte Auge durch Trauma, Schock, Hungersnot, Alkohol oder Drogen gewaltsam geöffnet wird, schaust du vielleicht die niedrigeren Astraldimensionen. In diesem Frequenzbereich sind negative Wesenheiten, Dämonen, böse Gedankenformen und Emotionen angesiedelt. Er kann sehr beunruhigend und furchterregend sein. Psychiatrische Anstalten sind voll von Menschen, die ihr Drittes Auge auf dieser Ebene geöffnet haben. Wenn so etwas geschieht, ist das ein warnendes Signal, das dir sagt, dass du dieses Chakra schließen, dein Bewusstsein auf eine höhere Ebene heben und Erzengel Raphael um Hilfe und Heilung anrufen musst.

Auch wenn dein Drittes Auge sich zu schnell öffnet und du »ausflippst« und blitzartig in die höheren Bereiche emporschnellst, ist es wichtig, dich zu erden und Erzengel Raphael um Hilfe zu bitten.

Viele hellsichtige Menschen sind äußerst spirituelle Seelen, die sich ihre Gaben im Laufe vieler Existenzen des Dienstes an der Menschheit erworben haben. Andererseits muss jemand, der übersinnliche Fähigkeiten besitzt, nicht unbedingt ein spiritueller Mensch sein. Hellsichtigkeit ohne Spiritualität ist ein zweischneidiges Schwert. Denn es verleiht den Menschen Macht ohne Weisheit.

Viele Menschen streben danach, hellsichtige Fähigkeiten zu entwickeln, und halten solche Gaben für ein Zeichen, dass sie Fortschritte machen. Solche Fähigkeiten bedeuten auch tatsächlich, dass sich ein weiteres Blütenblatt deines Stirnchakras entfaltet; doch wie du von diesen Informationen Gebrauch machst, ist viel wichtiger für dein inneres Wachstum als was du sehen kannst. Bitte Erzengel Raphael um Hilfe, damit du dich auf vollkommene Art und Weise entwickeln kannst.

Auf einem wahrhaft spirituellen Weg wird deine Intuition geschärft. Das ist die Fähigkeit, auf deine innere Weisheit zu hören, die mit der Weisheit des Universums in Verbindung steht. Intuition erfordert eine viel höhere Frequenz als Hellsichtigkeit. Ein intuitionsbegabter Mensch muss die Schwingung seines Dritten Auges herabsetzen, um hellsichtig zu sein. Er *weiß einfach,* ohne unbedingt etwas sehen zu müssen.

Das höchste Ziel der Entwicklung unseres Dritten Auges besteht darin, mit dem Auge des Horus, dem spirituellen Auge, in Kontakt zu treten, das den meisten Menschen durch die sieben Schleier der Illusion verborgen ist. Das ist der Weg der Verbindung zum Göttlichen. Dadurch wirst du zum wahren Seher oder Visionär. In diesem Stadium wird dir die Gegenwart der Engel, höheren Führer und Meister bewusst. Vielleicht siehst du sie nicht, aber du weißt, dass sie da sind.

Es gab Zeiten in meinem Leben, in denen ich ziemlich hellsichtig war. Das war ein fantastisches, sehr aufregendes Gefühl, obwohl ich am Anfang noch voller

Zorn, Ängste, Schuldgefühle und anderer negativer Emotionen steckte, die mich mit den unteren Astralebenen verbanden. Deshalb sah ich nicht nur schöne Dinge, sondern auch unheimliche. Als ich mich um innere Reinigung bemühte, hörten die unheimlichen Visionen auf, und ich öffnete mich den höheren Engelbereichen. Inzwischen »sehe« ich nur noch selten etwas. Wenn es wichtig für mich ist, etwas zu sehen, vertraue ich darauf, dass es mir gezeigt werden wird. Doch im allgemeinen *weiß* ich die Dinge einfach.

Ich genieße den Kontakt mit hellsichtigen Menschen, denn sie sehen genau das, was ich weiß. Einmal unterbrach ein Interviewer mich in einer Livesendung im Rundfunk mitten im Redefluss und fragte mich, wie denn sein Engel aussehe! Ich wollte schon antworten, dass ich ihn nicht sehen könne; doch da wusste ich plötzlich mit hundertprozentiger Sicherheit, dass ein wunderschöner, reinweißer Engel an seiner rechten Seite stand und ihn förmlich mit Erleuchtung überschüttete. Der Engel half ihm sehr bei seiner Arbeit. Der Mann war außer sich vor Freude, als ich ihm das sagte. Anne Hogan, die schon seit ihrer Kindheit hellsichtige und heilende Fähigkeiten besitzt, war auch bei der Sendung dabei. Hinterher erzählte sie ihm, dass auch sie sehen könne, wie sein reinweißer Engel an seiner rechten Seite stehe und ihm helfe. Sie betonte, wie viel Liebe und Schönheit der Engel durch ihn ausstrahlte.

Erzengel Raphael ist der Engel des äußeren und inneren Reichtums. Das Dritte Auge beherrscht die beiden eng miteinander verbundenen Funktionen der Konzentration und der Vision. Die Konzentrationsgabe ist in unserer linken Gehirnhälfte angesiedelt, die kreative Visualisation in der rechten. Wenn du dich hundertprozentig auf deine Herzenswünsche konzentrieren kannst und sie gleichzeitig klar und deutlich visualisierst, dann kannst du sie auch manifestieren. Erzengel Raphael hilft dir dabei. Er stärkt deine Fähigkeit, durch Visualisation Dinge zu erschaffen. Wenn du ihn um Hilfe anrufst, kannst du gemeinsam mit ihm vollkommenen inneren und äußeren Reichtum schaffen.

Raphael wirkt auf dem fünften Strahl und arbeitet eng mit Meister Hilarian auf der orangefarbenen Schwingungsfrequenz zusammen. Das ist der Strahl der Wissenschaft, des Wissens und der Forschung. Auf einer Ebene ist es ein Strahl des Verstandes; doch da er Zugang zum höheren Mental-Körper, dem Bereich der Seele, hat, verkörpert er auch die Qualität der bedingungslosen Liebe. Gemeinsam helfen diese erhabenen Wesen dir, die Wahrheit zu finden.

Erzengel Raphael arbeitet auf dem smaragdgrünen Strahl des Herzens. Er richtet seine heilende Kraft auf die Auflösung negativer Blockaden, die inneres Unbehagen und Krankheit erzeugen, und auf die positive Macht der Liebe, die sich als Gesundheit manifestiert.

Helena Dodds, die einige meiner Seminare in Südafrika organisierte und eine gute Freundin wurde, hörte sich meine Engelkassette an, bevor wir uns kennen lernten. Während der Erzengelmeditation lenkte sie ihr Bewusstsein zum Aufenthaltsort des Erzengels Raphael, weil sie schon seit einiger Zeit an starkem Husten litt. Sie hatte Schmerzen in der Brust, und ihr Hals fühlte sich an, als steckten lauter Nadeln darin. Sie brauchte Engelheilung.

Hinterher schickte sie mir eine E-Mail und berichtete, was sie erlebt habe, übertreffe all ihre bisherigen Erfahrungen. Während sie sich die Kassette anhörte, strömte plötzlich eine enorme Hitze in ihre Hände. Sie legte sie auf die Brust und den Hals. Daraufhin verschwand der Husten schlagartig. Sie sagt, es sei eine überwältigende Energie gewesen, die sie vollkommen umgeworfen habe. Am selben Tag kam ihre Cousine zu Besuch, und sie setzten sich auf die Terrasse und unterhielten sich. Helena erzählte der Cousine von ihrem Erlebnis. Dabei schaute sie auf die Bodenfliesen ihrer Veranda und entdeckte eine kleine weiße Feder. Dabei schwört Helena, dass es in ihrer Gegend nur schwarze Drongos gibt!

Wenn du Erzengel Raphaels wunderbares Licht empfangen möchtest, lenke deinen Geist im Traum oder in der Meditation zu seinem spirituellen Aufenthaltsort, der sich im Äther oberhalb von Fatima (Portugal) befindet.

Die folgende Geschichte erzählte mir Wendy Goodchild, die Medium und Heilerin ist. Sie handelt davon, wie Erzengel Raphael auf die Macht ihrer Gebete, das Flehen einer verzweifelten Mutter, reagierte. Ihr Sohn Zach leidet seit seinem dritten Lebensjahr an Zöliakie. Hin und wieder bildet sich eine Blockade in seinen Därmen; dann bekommt er eine Infektion, leidet unter Müdigkeit, Schmerzen und Fieber und wird immer wieder schwer krank auf der Intensivstation des Krankenhauses eingeliefert.

Vor ein paar Jahren beschloss Wendy, ihren Sohn nicht mehr unserem medizinischen System anzuvertrauen, sondern sich stattdessen lieber auf ihr Pendel, alter-

native Therapien und Gebete zu verlassen. »Es kostete mich großes Vertrauen, nicht den Notarzt zu rufen, als er wieder die gleichen Beschwerden bekam wie schon so oft«, schrieb sie mir. »Zach hatte wieder eine Blockade im Darm und lag schwer krank im Bett. Meine mütterliche Intuition sagte mir, dass jetzt alles wieder von vorn anfing. Ich versuchte ihn zu heilen, aber meine Kraft reichte nicht aus. Da fasste ich ihn bei den Händen und forderte ihn auf, Erzengel Raphael um Hilfe zu bitten. Zach schlief ein, und ich betete weiter.

Plötzlich spürte ich, wie es im Zimmer sehr heiß wurde und sich ein starkes, pulsierendes grünes Licht darin ausbreitete. Ein wunderbares Gefühl der inneren Ruhe überkam mich.

Einer meiner anderen Söhne kam ins Zimmer, stöhnte: ›Mein Gott, ist es heiß hier drin‹ und ging wieder hinaus. Das grüne Licht verblasste allmählich, und ich streichelte die Luft rund um Zach sanft mit den Händen. Zwanzig Minuten später spielte mein Kind, das kurz zuvor noch todkrank im Bett gelegen hatte, draußen im Garten!

Seitdem ist er nie wieder in so einen bedrohlichen Zustand geraten.«

KAPITEL 26

Maria, die Königin der Engel

Maria hat das göttliche Weibliche in mehreren Existenzen verkörpert. In Atlantis war sie Meisterin in der Kunst des Heilens mit Kristallen. In Mesopotamien war sie die Mondgöttin Ishtar; in Ägypten stand sie als Göttin Isis den Eingeweihten in den Tempeln bei. In Griechenland war sie Diana, die Göttin des Mondes und der Natur. Doch am bekanntesten und am meisten verehrt wurde sie als Mutter Jesu Christi.

Sie ist die Zwillingsflamme des Erzengels Raphael, die Königin der Engel. Sie strahlt Mitgefühl und Liebe aus. Ihre Aufgabe ist es, allen Menschen – vor allem Babys und kleinen Kindern – Heilung und Liebe zu bringen.

Ihre Farbe ist das Hellblau der Heilung. Sie erscheint vielen Menschen, um ihnen Glauben und Hoffnung zu schenken.

Vor ein paar Jahren erschien Maria mir, als ich meine Tochter Lauren, die als Baby einmal sehr krank war, zu heilen versuchte. Sie sagte mir, dass eine Mutter normalerweise die Farbe Blau in ihrer Aura habe, die das Baby schützend umhüllt, nährt und heilt. Da Lauren als

Baby so lange im Krankenhaus liegen musste, hatte sie dieses blaue Licht nicht empfangen. Maria sagte, sie sei gekommen, um Laurens Aura diese fehlende Energie zu bringen und so wenigstens das Trauma ihrer Erkrankung und Trennung von der Mutter im frühen Kindesalter zu heilen.

Seitdem ist Maria mit ihrer wunderbaren magnetischen Energie häufig in meinen Seminaren erschienen, um die Wunden zu heilen, die die Menschen im Babyalter und in der Kindheit erlitten haben. Sie schwebt zwischen den Seminarteilnehmern umher, berührt sie und lässt ihr wunderschönes blaues Licht in ihre Aura einströmen.

Auch von anderen Heilern und Therapeuten höre ich immer häufiger, dass Maria ihnen bei der Behandlung ihrer Klienten hilft.

Die Vorstellung, dass du dein eigenes inneres Kind oder Baby in den Armen hältst und Maria schützend ihren blauen Umhang um euch beide legt, kann Wunder bewirken. Ob es dir bewusst ist oder nicht: Du hast Maria mit diesem inneren Bild automatisch zu dir gerufen, und nun kann Heilung stattfinden.

Du brauchst nur an Maria zu denken, und schon steht sie neben dir und berührt dich mit Liebe, Heilung und Mitgefühl. Sie bietet uns schon seit Jahrhunderten ihre Hilfe an, aber wir waren bisher nicht bereit dafür. Deine Aufgabe ist es jetzt, offen und empfänglich für die Möglichkeiten zu sein, die sie dir bringt.

Wenn du um Hilfe für dich oder einen anderen Menschen betest, können Wunder geschehen. Hier ist ein Beispiel dafür:

Barbara assistierte in einer Privatklinik bei einer kleinen Operation. Plötzlich brach im Operationssaal hektische Aktivität aus. Der Chirurg sollte einem zweijährigen Mädchen die Mandeln entfernen und hatte dabei versehentlich eine Arterie durchtrennt. Das Blut schoss aus der verletzten Arterie heraus, und es stand nicht genügend Blut für eine Transfusion zur Verfügung.
Die Mutter war außer sich vor Kummer. Aber Barbara saß einfach ganz ruhig da, wartete und betete für das Kind. Als es keine Hoffnung mehr zu geben schien, sah sie, wie Maria zu dem Kind kam. In diesem Augenblick senkte sich absolute Stille über den Operationssaal, und die verletzte Arterie hörte auf zu bluten.
Da wussten sie, dass das Kind die Operation überstehen würde. Und so geschah es auch.

Unterschätze niemals die Macht des Gebets. Ein in Ruhe, innerer Reinheit und Mitgefühl gesprochenes Gebet ruft die Königin der Engel herbei und befähigt sie, Wunder zu wirken.

Marias größtes Mitgefühl gilt jungen Menschen, vor allem, wenn sie sich einsam und verlassen fühlen. Viele Teenager, die trinken und Drogen nehmen, um ihren Schmerz zu betäuben, sind in Wirklichkeit auf einer spirituellen Suche. Hinter ihrem asozialen Verhalten verbirgt sich die verzweifelte Sehnsucht nach einer höheren Art zu leben, die für sie unerreichbar ist.

Wendy Goodchild ist Heilerin und arbeitet auf dem Lichtstrahl des Mitgefühls. Eines Tages erkrankte ihr fünfzehnjähriger Sohn John an einer Virusinfektion, wurde zu Blutuntersuchungen ins Krankenhaus eingewiesen und musste das Krankenzimmer mit einem neunzehnjährigen Jungen teilen, der wegen Drogenmissbrauchs eingeliefert worden war. Dieser junge Mann benahm sich ständig daneben, war laut und unhöflich zu den Krankenschwestern. Emotional war er tief verletzt, denn seine Mutter litt unter Depressionen, und

sein Vater kam nicht mit ihm zurecht und lehnte ihn ab.
Wendy legte ihrem Sohn ihre heilenden Hände auf und holte dann ihr Pendel heraus, um weitere Informationen zu bekommen. Der Junge im Nachbarbett schaute fasziniert zu. Er fragte Wendy, was sie da tue, hörte ihren Erklärungen interessiert zu, stellte viele Fragen und wollte es auch einmal probieren. Sie bot ihm eine erdende Meditation und eine Heilungssitzung an.
Er musterte die beiden prüfend und sagte dann: »Ja, bitte.« Nach einer kurzen Meditation riss er die Augen weit auf und sagte, er habe den Namen »Michael« gehört. Wendy sagte ihm, das sei Erzengel Michael gewesen, der ihn gesegnet habe, weil jetzt der richtige Zeitpunkt gekommen sei, um unerwünschte Fesseln in seinem Leben abzustreifen. Er habe etwas gelernt und müsse sich jetzt weiterentwickeln. Also baten sie gemeinsam darum, dass die Fesseln gelöst werden mögen.
Da öffnete der Junge wieder die Augen und sagte, er höre den Namen »Maria«. Wendy sagte, dies sei die Muttergottes, die zu ihm gekommen sei, um seinem inneren Kind Heilung und Liebe zu bringen. Sie saßen eine Zeit lang entspannt da und ließen diese Energie auf sich wirken. Als der Junge anschließend erneut die Augen aufschlug, waren sie klar und voller Leben.
Scherzend stellten die beiden fest, dieses Gefühl sei

wesentlich billiger zu haben als die Drogen, die er vorher genommen hatte.
Am nächsten Tag kam eine Krankenschwester und sagte: »Ich weiß nicht, was Sie gestern mit ihm gemacht haben, aber ich danke Ihnen. Er ist jetzt viel ruhiger.«

DIENST AN UNSEREM PLANETEN

Wenn du spürst, dass das innere Kind eines Menschen verletzt ist, bitte Maria, ihn gemeinsam mit diesem Kind in ihren blauen Umhang einzuhüllen und zu trösten.
Stelle dir vor, wie sie ihren Umhang schützend über neugeborene Babys breitet.

KAPITEL 27

Raphaels Engel der Heilung

Engel sind die Heiler Gottes. Sie sind Wesen der Liebe, des Mitgefühls und der Gnade. Da Engel auf einer so hohen Frequenz schwingen, kann ihre Gegenwart eine tief greifende Wirkung auf dich haben.

Sie können dich auf drei verschiedene Arten heilen. Manchmal aktivieren sie deine eigenen Selbstheilungskräfte, indem sie dich berühren. Oder sie lösen die emotionalen und mentalen Blockaden auf, die deiner Erkrankung zugrunde liegen, sodass sie von selbst verschwindet.

Hin und wieder greifen sie aber auch auf dem Strahl der Gnade in dein Leben ein. Dann geschieht eine Wunderheilung. Doch Engel bewirken nur dann ein Wunder, wenn das auch wirklich in deinem höchsten Interesse liegt. Wenn deine Seele eine Lektion zu lernen hat, die sich als Krankheit manifestiert, wäre es nicht richtig, dir diese Lernerfahrung vorzuenthalten.

Es war ein großer Schock für Susan Seddon, als sie erfuhr, dass sie Brustkrebs hatte und operiert werden musste. Als sie am Abend vor ihrer Einweisung ins Krankenhaus zu Bett ging, legte sie sich auf den Bauch und fühlte sich sehr einsam. Sie brauchte einfach jemanden, der sie in den Arm nahm.
Da sah sie aus den Augenwinkeln einen merkwürdigen Dunst in ihrem Zimmer und glaubte, ein Feuer sei ausgebrochen. Langsam drehte sie sich auf den Rücken und schnupperte in die Dunkelheit hinein, um festzustellen, ob es nach Rauch roch.
Doch zu ihrem großen Erstaunen war das ganze Zimmer hell erleuchtet und voller winzig kleiner, weißer, gefiederter Engel. Jeder dieser Engel war von einer Lichtkugel umgeben und erfüllte Susan mit Liebe und einem Gefühl des Glücks und der inneren Leichtigkeit. Ihre Angst war wie weggeblasen.
Inzwischen ist sie völlig von ihrem Krebs geheilt. Ihr Engelerlebnis hat sie dazu gebracht, eine Zufluchtsstätte für hilfsbedürftige Menschen einzurichten, die sie heilt und tröstet. Sie ist nun in der Lage, diesen Menschen ihre Angst zu nehmen, so wie die Engel es in jener Nacht bei ihr getan haben.

Wenn Engel dir beistehen, trägst du anschließend ihr Licht in dir und kannst damit anderen Menschen helfen, sie trösten und heilen.

Die Engel der Heilung haben ein ungeheures Mitgefühl. Sie hören deine Gebete, und wenn das Spirituelle Gesetz es ihnen erlaubt, dir zu helfen, werden sie es auch tun.

Jesses Freund stürzte beim Reiten vom Pferd und trug schwere Gehirnverletzungen davon. Jesse war völlig am Boden zerstört und fuhr mehrmals pro Woche ins Krankenhaus, um ihren Freund zu besuchen. Doch dieser war ein völlig anderer Mensch geworden, und die Ärzte sagten, er werde nie wieder geheilt werden. Eines Tages, als sie das Krankenhaus verließ und in ihr Auto stieg, flehte sie aus tiefstem Herzen: »Bitte, lasst ihn wieder gesund werden.«
Da erschien plötzlich ein Engel und lächelte sie an. Von diesem Augenblick an wusste sie, dass ihr Freund genesen würde, aber sie konnte mit niemandem darüber sprechen. Sie wusste ganz einfach, dass es ihm bald wieder besser gehen würde, und entgegen allen Er-

wartungen erholte er sich vollständig von seiner Kopfverletzung.

Gib niemals die Hoffnung auf. Habe für alle Menschen eine Vision vollkommener Gesundheit vor Augen. Denn das ist auch Gottes Vision für die Menschen, und Glaube wirkt Wunder.

Engel der Heilung heilen nicht einfach nur. Wie die folgende Geschichte zeigt, können sie einen Menschen auch vollkommen ruhig und unbeweglich halten, wenn es das ist, was er braucht. Sie tun alles, was für dich gerade notwendig ist.

Eine Frau erzählte uns, dass ihr Sohn einmal kopfüber in eine felsige Meeresbucht gesprungen war und sich dabei den Kopf angeschlagen und drei Halswirbel gebrochen hatte. Sie saß mit ihrer Tochter im Krankenhaus an seinem Bett und befürchtete das Schlimmste. Da kam

ein großer goldener Engel herein und setzte sich ans Kopfende des Bettes. Sie sahen ihn alle beide und waren von diesem Augenblick an überzeugt davon, dass der Junge wieder gesund werden würde.
Wegen seiner verletzten Halswirbel musste er drei Monate lang im Streckverband liegen. Hinterher sagten die Ärzte, der obere Wirbel sei gebrochen gewesen, und wenn er sich auch nur ein kleines Bisschen bewegt hätte, wäre er gestorben. Hätte er die anderen beiden angebrochenen Wirbel bewegt, so wäre er am ganzen Körper gelähmt gewesen. Doch er genas vollständig von seiner Wirbelsäulenverletzung. Sie sahen den goldenen Engel später noch zweimal an seinem Bett sitzen.

Wenn du die Engel der Heilung um Hilfe anrufst, sage ihnen stets ganz genau, was du von ihnen willst. Wie wichtig das ist, wurde mir vor ein paar Jahren bei einem Seminar klar, das ich veranstaltete. Eine der Teilnehmerinnen hatte einen Abszess am Zahnfleisch. Sie hatte schon öfters unter solchen Abszessen gelitten und musste immer wieder Antibiotika nehmen. In der Nacht bekam sie heftige Schmerzen und konnte nicht schlafen. Schließlich bat sie die Engel, sie von ihren Schmerzen

zu befreien – und tatsächlich waren sie innerhalb kurzer Zeit verschwunden, und sie schlief ein. Am nächsten Tag war ihr Gesicht immer noch dick angeschwollen; doch im Lauf der nächsten Tage ging die Schwellung zurück, und sie brauchte keine Antibiotika mehr zu nehmen. Im Spaß sagten wir ihr, beim nächsten Mal solle sie darum bitten, dass auch die Schwellung verschwinden möge.
Bei einem anderen Seminar, das ein paar Monate später stattfand, litt wieder eine Teilnehmerin an einem Zahnfleischabszess. Ihr Gesicht war geschwollen, und sie hatte ziemlich große Schmerzen. Ich erzählte ihr die Geschichte von ihrer Leidensgenossin, und als sie zu Bett ging, bat sie die Engel, sie von den Schmerzen, der Infektion und der Schwellung zu befreien. Als die Frau am nächsten Morgen aufwachte, waren all ihre Beschwerden verschwunden.

Die Engel der Gnade stehen in der Hierarchie der Engel am höchsten. Ginny Burman und Nick Morris hatten das Glück, am eigenen Leib erfahren zu dürfen, dass diese Engel tatsächlich auf Hilferufe reagieren.

Ginny arbeitete schon seit fünfzehn Jahren als Geistheilerin. Eines Samstagmorgens kam ein junger Maler in ihr Heilungszentrum und sah so krank und verzweifelt aus, dass sein Anblick ihr Herz rührte. Nach mehreren Besuchen bei ihr litt er immer noch an Multipler Sklerose und war völlig geschwächt. Sein Herzzentrum hatte sich geschlossen, und er konnte nicht mehr malen. Eines Samstags war er völlig verzweifelt. Seine Augen waren trüb, seine Haut war weiß und fühlte sich kalt an. Er wirkte mager und abgehärmt.

Als Ginny sich auf ihre heilende Energie einstimmte, öffnete ihr Herzchakra sich so weit, dass Nicks ganzer Kummer hineinströmen konnte. Sie spürte seinen Schmerz und rief im Stillen: »Um Gottes willen, lasst den Engel der Gnade herabsteigen und diesem Jungen helfen.«

»In diesem Augenblick«, schrieb sie mir später, »erschien ein herrliches, reinweiß und silbern schimmerndes Wesen vor uns. Der Engel war über einen Meter achtzig groß und verströmte in weitem Umkreis ein hell strahlendes Licht. Dieser Engel war so schön – ganz anders, als ich mir Engel bisher vorgestellt hatte. Er trug ein Gewand und hatte Flügel.

Eine überwältigende Liebe erfüllte jede Zelle meines Körpers. Ich hatte das Gefühl, gleich vor Liebe zu explodieren. Dann sagte eine Stimme mir, Nick könne diesen Engel jederzeit anrufen, wenn er ihn brauche.«

Nach diesem Erlebnis war Ginny von Liebe und Ehrfurcht überwältigt.

Eigentlich hatten sie beide ein sofortiges Resultat er-

wartet; doch Nick erholte sich nur langsam. Inzwischen malt er aber wieder, hat gerade eine Ausstellung hinter sich, und es sind weitere geplant. Seine Augen leuchten wieder, er hat eine gesunde Hautfarbe und ist viel glücklicher als früher.

»Ich weiß, dass sein Engel das alles bewirkt hat«, sagt Ginny, »und ich empfinde es als großes Glück, dass ich diesen Engel sehen durfte. Es ist ein Erlebnis, das ich nie vergessen werde; aber mit Worten lässt es sich gar nicht richtig beschreiben.«

Engel sind immer glücklich, wenn sie durch dich etwas bewirken können. Wenn du ihre heilende Energie für einen anderen Menschen channeln möchtest, bitte einfach darum und vertraue darauf, dass sie ihre Energie durch dich hindurchströmen lassen werden.

Patricia hatte eine Hüftgelenksoperation vor sich, als sie an meinem Seminar »Heilen mit Engeln« teilnahm.

Als ich den Seminarteilnehmern sagte, dass wir paarweise arbeiten würden – der eine sollte jeweils heilende Energie für seinen Partner channeln –, dachte sie: »Das ist aussichtslos für mich. Meine Arthritis ist so schlimm, dass ich nicht einmal stehen kann.« Doch nachdem ihr Partner ihr die heilende Engelenergie übermittelt hatte, konnte sie mühelos und ohne Schmerzen stehen.

Als sie an diesem Abend zu Bett ging, freute sie sich schon auf den nächsten Seminartag. Mitten in der Nacht wachte sie auf und konnte nicht wieder einschlafen. Schließlich bat sie die Engel um Hilfe: »Bitte, bitte, helft mir, wieder einzuschlafen, damit ich morgen früh für das Seminar fit bin.«

Daraufhin schlief Patricia sofort ein. Als sie am nächsten Morgen erwachte, lag eine kleine weiße Feder auf ihrem Oberschenkel. Zum ersten Mal seit Monaten hatte sie keine Schmerzen. Die Operation war zwar trotzdem noch notwendig, aber sie wusste, dass alles gut gehen würde. Die Engel hatten sie gesegnet.

Wenn du irgendeine Art von Heilung benötigst, bitte die Engel darum. Sie werden einen Weg finden, dir zu helfen.

DIENST AN UNSEREM PLANETEN

Stelle eine schöne Schale mit einer Kerze an einen besonderen Ort. Zünde die Kerze an, und schreibe Namen von Menschen auf Zettel, die Heilung benötigen. Es spielt keine Rolle, ob du diese Menschen persönlich kennst oder nicht. Während du die Namen aufschreibst und in die Schale legst, stelle dir die betreffende Person vollkommen gesund vor, und bitte die Engel, ihr zu ihrem höchsten Wohl zu verhelfen. Du musst wissen, dass Engel niemals gegen die Willensfreiheit eines Menschen verstoßen.
Nach einer Woche nimmst du die Zettel wieder heraus und verbrennst sie mit einem Dankgebet für alles, was die Engel für diese Menschen getan haben. Selbst wenn keine physische Veränderung spürbar ist, hat auf emotionaler, mentaler oder spiritueller Ebene vielleicht doch ein Heilungsprozess stattgefunden. Vertraue darauf, dass die Engel alles getan haben, was ihnen nach dem Spirituellen Gesetz erlaubt ist.

KAPITEL 28

Erzengel Uriel

Uriel ist der mächtige Erzengel, der über die Engel des Friedens gebietet. Seine Zwillingsflamme ist Aurora. Gemeinsam arbeiten die beiden auf dem purpurroten und goldenen Strahl, der auch als rubinroter Strahl bekannt ist. Die Farbe Purpur symbolisiert die Kraft der Verwandlung und Vergebung. Sie enthält das Violett des reinen Geistes und das Rot der Aktion. Auf diese Weise weckt sie in uns den Wunsch nach spirituellem Dienst. Die Farbe Gold steht für Weisheit.

Uriel ist der Erzengel, der über den Solarplexus der Menschen wacht und ihn weiterentwickelt. Auf der Ebene der dritten Dimension ist der Solarplexus gelb; diese Farbe repräsentiert dein Wissen, aber auch deine Ängste. Der Solarplexus ist auch ein großer übersinnlicher Sender und Empfänger. Durch dieses Chakra hältst du Ausschau nach Gefahren, trittst mit den Menschen in Kontakt, die du liebst, und stimmst dich auf kollektive Ängste und Katastrophen ein. Deshalb haben sensible Menschen häufig ein Gefühl der nervösen Anspannung in diesem Bereich.

Uriel hilft dir ständig, dieses Chakra vom Gelb des

Wissens zur goldenen Ebene der Weisheit weiterzuentwickeln. Dann lösen deine Ängste aus diesem Leben oder früheren Existenzen sich auf, und die Ängste der Menschen in deiner Umgebung oder kollektive Ängste berühren dich nicht mehr. Du trittst mit der Weisheit deiner Seele in Verbindung. Danach hat Uriel die Aufgabe, dir zu helfen, dieses Chakra zu erweitern, sodass du die Weisheit des Universums in dich aufnehmen kannst. Dann wirst du zum Weisen.

Der sechste Strahl, mit dem Uriel in Verbindung steht, ist der Strahl des Idealismus und der Hingabe. Seine niedrigsten Ausdrucksformen sind religiöse Organisationen und Dogmen, sein höchstes Ziel reine Spiritualität, die alle Religionen akzeptiert und weit über sie hinausgeht.

Bitte Uriel um Einsicht, innere Klarheit und Visionen – vor allem darum, dass er dir hilft, die (häufig verborgenen) Motive anderer Menschen zu verstehen.

Jesus Christus – oder Sananda, wie er auf den inneren Ebenen heißt – repräsentiert ebenfalls den sechsten, indigofarbenen Strahl. Gemeinsam bemühen Erzengel Uriel und Sananda sich, die Eigenschaften der Gnade und des Mitgefühls bei uns Menschen zu entwickeln. Sie bieten uns liebevollen Schutz und lehren uns selbstlosen Dienst an anderen. Sie leiten alle Menschen, die Mittel und Wege suchen, um durch religiösen Dienst an der Welt Gott zu erreichen. Sie wecken das Gefühl der

Brüderlichkeit und Schwesterlichkeit in uns und fördern Zusammengehörigkeit und Kooperation.

Ich bekomme Hunderte von Briefen von Menschen, die oft sehr verzweifelt sind und mir all ihre Ängste, Nöte und Schwierigkeiten aufzählen. Als ich eines schönen, sonnigen Tages zu einem Seminar fuhr und mir all diese Dinge durch den Kopf gingen, erschien mir Sananda und sagte: »Lass dich nicht von ihrem Kummer, ihrer Negativität, ihren Zweifeln und Ängsten herunterziehen, sondern bitte sie, dir ihre Hoffnungen und Träume, ihre Visionen und Pläne zu senden. Meine Engel werden diesen Gedanken Kraft verleihen und sie auf der Erde manifestieren.«

Dein Solarplexus wird stark von deinen Gedanken beeinflusst. Gelb ist die Farbe des Denkens, des Verstandes. Das Dritte Auge ist indigoblau – die Farbe des sechsten Lichtstrahls. Wenn das Chakra des Dritten Auges sich

weiterentwickelt und verfeinert, färbt es sich erst weißgolden und wird schließlich durchsichtig wie Kristall, während der Solarplexus eine goldene Farbe annimmt.
Hazel Courteney, Spezialistin auf dem Gebiet alternativer Heilmethoden und Autorin des faszinierenden Buches *Divine Intervention,* schrieb einen Artikel über mich und erklärte sich einverstanden, mit mir zu arbeiten. Zunächst machten wir eine Fotografie von ihrer Aura, die in einem wunderschönen Rosa leuchtete – der Farbe der Liebe und des Mitgefühls. Dann nahm ich innerlich Verbindung mit ihr auf. Erzengel Uriel kam und reinigte ihren Solarplexus von einigen Ängsten, die noch aus früheren Leben stammten. Nach der Sitzung machten wir wieder eine Aurafotografie von Hazel. Jetzt war ihre Aura von einem spirituellen Blau erfüllt, und ihr Solarplexus strahlte ein tiefgoldenes Licht aus. Erzengel Uriel hatte ihre alten Ängste ausgeräumt und sie durch Weisheit ersetzt.

Am Donnerstag ist die Energie des Erzengels Uriel am stärksten mit der Erde verbunden. Das ist ein guter Tag, um sich in der Meditation auf ihn zu konzentrieren oder ihn um Hilfe anzurufen.
Du kannst ihn zum Beispiel darum bitten, dein Engagement zu stärken, um in irgendeinem Lebensbereich deine Ziele zu erreichen. Viele Geschäftsleute stehen deshalb mit ihm in Verbindung. Alle Menschen, die ir-

gendeinen Dienst an der Menschheit leisten – zum Beispiel Sozialarbeiter, Beamte, Bauern, Missionare und idealistische Rechtsanwälte – arbeiten unter Uriels Schirmherrschaft. Er ist auch der Schutzpatron der Schriftsteller.

Erzengel Uriels spiritueller Aufenthaltsort ist die Tatra in Polen. Wenn du vor dem Einschlafen darum bittest, dorthin zu gelangen, wird dir das sehr bei der Auflösung deiner Ängste helfen. Immer wenn ich das tue, träume ich von meiner Vergangenheit. Meine Träume verraten mir, dass immer noch alte Energie in meinem Solarplexus gespeichert ist.

Die Engel arbeiten auf faszinierende, geheimnisvolle Art und Weise. Ein Freund von mir, David, ist Geschäftsmann und spiritueller Meister. Er bot mir an, mir zu größerer finanzieller Stabilität in meinem Leben zu verhelfen und mir Wege zu zeigen, wie ich besser mit Geld umgehen könne. Zu diesem Zweck besuchte ich ihn und seine Freundin übers Wochenende.

Ehe ich zu Bett ging, bat ich Erzengel Uriel, während des Schlafs alle finanziellen Ängste zu beseitigen, die ich noch mit mir herumtrug. Am nächsten Morgen erwachte ich von einem Traum, in dem schwarze Kugeln aus den Tiefen meines Solarplexus herausgezogen wurden. Da wusste ich, dass ich im Begriff war, etwas Wichtiges loszulassen. Später fuhr ich mit David an den Strand, um einen Spaziergang zu machen. Doch über unserem Auto schwebte eine dunkle Wolke, überschüttete uns mit Regen und wollte einfach nicht verschwinden, obwohl überall um uns herum die Sonne schien. Also holten wir Kugelschreiber und Papier heraus und begannen Pläne zu machen. Zum Schluss baten wir die Engel um ein Signal, das uns zeigen sollte, ob unsere Pläne richtig waren. Da geschah etwas Unglaubliches.

Auf der Rückfahrt zu Davids Haus hielten wir an einer roten Ampel. Im gleichen Augenblick stoppte das Auto von Davids Bruder neben uns. Die beiden Brüder kurbelten die Autofenster herunter, um sich zu begrüßen, und zu Davids großem Erstaunen warf sein Bruder durch das Autofenster einen Briefumschlag in seinen Wagen, der 1000 Pfund enthielt.

David strahlte von einem Ohr zum anderen. »Ich glaube, das ist ein Zeichen von den Engeln, dass der Reichtum auf dem Weg zu dir ist«, sagte er.

Friedensengel versammeln sich, um ihr besänftigendes Licht über alle Zornausbrüche fließen zu lassen.

Petra erzählte mir, dass sie während des Jugoslawienkrieges eines Tages in aller Ruhe zu Hause saß, als plötzlich die Vision einer aufgebrachten Menschenmenge in Bosnien vor ihrem inneren Auge aufblitzte. Es war, als sehe sie das alles im Fernsehen. Zu ihrem großen Erstaunen sah sie auch, wie ein weißer Engel mit wunderschönen Flügeln die Menschenmenge mit Licht umgab, um sie zu besänftigen.
Bis dahin hatte sie noch nichts von Engeln gewusst; doch nach diesem Erlebnis konnte sie nicht mehr an ihrer Existenz zweifeln.

DIENST AN UNSEREM PLANETEN

Jedes Mal, wenn du voller Mitgefühl an einen Menschen, einen Ort oder eine Situation denkst, der oder die Hilfe braucht, baust du eine Lichtbrücke, über die die Engel gehen können, um zu helfen, wenn du sie darum bittest.
Breite eine Landkarte auf dem Tisch aus. Stelle eine angezündete Kerze auf ein Gebiet, in dem gerade kriegerische Auseinandersetzungen im Gang sind, und fordere Erzengel Uriel und seine Friedensengel auf, die Situation und die Menschen dort in Frieden zu hüllen.

KAPITEL 29

Uriels Friedensengel

Vor einigen Jahren erschienen mir wunderschöne Friedensengel. Es waren leuchtende, cremeweiße Geschöpfe mit weichen, gefiederten Flügeln. Sie waren ungefähr zwei Meter fünfzig groß und strahlten eine Atmosphäre vollkommenen Friedens und totaler Ruhe aus.

Sie baten mich, allen, die auf mich hörten, folgende Botschaft zu übermitteln: *»Es muss Friede auf der Welt verbreitet werden, und dieser Prozess kann nur bei einzelnen Menschen beginnen, die bereit sind, auf ihre Machtkämpfe mit anderen zu verzichten. Friede ist Hingabe an den Geist. Friede hat nichts damit zu tun, zu beweisen, dass man besser ist als jemand anders.«*

Dann schlugen sie mir vor, alle Menschen zu bitten, eine Ecke ihrer Wohnung oder ihres Hauses zur Friedensecke zu machen – zu einem Ort, an dem man nur friedliche Gedanken hegt. Das kann ein ganz kleines Eckchen sein, beispielsweise ein Sessel; doch sobald man diese Friedensecke ausgewählt hat, sollte man sie nur noch mit friedlichen, zentrierten Gedanken betreten. Von dieser kleinen Ecke aus wird sich der Friede überall in deinem Heim ausbreiten und es beschützen.

Die Mutter dreier Kinder erzählte mir, dass sie und ihr Mann Konflikte hatten und dass auch ihre beiden Söhne sich ständig stritten. Da las ihre Tochter, die im Teenageralter war, mein Buch Der Engel-Ratgeber *und beschloss, einen Sessel im Haus der Familie zur Friedensecke zu machen. Sie saß jeden Tag in diesem Sessel, hatte friedliche Gedanken und bat die Friedensengel um Hilfe. Ihre Mutter berichtete mir, dass das eine erstaunliche Wirkung auf ihr Familienleben hatte. Es war, als breite sich ein beruhigender, balsamischer Duft darin aus. Innerhalb kurzer Zeit hörten die Streitereien zwischen den beiden Brüdern auf, und sie wurden Freunde. Auch den Eltern gelang es, ihre Konflikte zu lösen.*
Die Frau sagte, man könne den Frieden förmlich spüren, wenn man ihr Haus betrete. Inzwischen nehme jeder von ihnen sich die Zeit, ab und zu in dem Friedenssessel zu sitzen.

Wenn du eine Friedensecke in deinem Heimatort schaffst und jedes Mal, wenn du daran vorbeigehst, friedliche Gedanken hegst, werden die Friedensengel den Frieden an diesem Ort verankern können, und er wird jeden Menschen berühren, der dort vorbeigeht. Wenn du ein paar Freunde bittest, das gemeinsam mit dir zu tun, hat es eine noch stärkere Wirkung.

Du kannst die Friedensengel auch um inneren Frieden bitten – darum, dass sie dir helfen, deinen Zorn und deine Ängste loszulassen und neue Hoffnung zu schöpfen, falls du einmal den Mut verloren haben solltest. Sie werden dir helfen, praktische Lösungen für deine Beziehungsprobleme zu finden, und alle Menschen unterstützen, die anderen dienen.
Wenn du Uriel und seine Friedensengel anrufst, können sie überall, wo Krieg herrscht, den Frieden fördern. Sie können Konflikte durch Harmonie und Ungerechtigkeit durch Gerechtigkeit ersetzen.

Wie alle spirituellen Lichtwesen sehnen die Friedensengel sich danach, uns Menschen zu helfen; sie können es nach dem Spirituellen Gesetz aber nur dann tun, wenn wir sie darum bitten. Eine Frau erzählte während einer Rundfunksendung folgende Geschichte:

Sie war völlig am Boden zerstört, weil ihr Vater, den sie sehr geliebt hatte, gestorben war, und wusste nicht, wie sie die Beerdigung überstehen sollte. Als sie am Vorabend zu Bett ging, bat sie in ihrer Verzweiflung die Engel um Hilfe. In jener Nacht erschien ihr im Traum ein Engel, und sie hörte, wie um sie herum Hymnen gesungen wurden. Sie war von einem Gefühl vollkommenen Friedens erfüllt, das sie während der Beerdigung aufrechterhielt.

Engel schweben häufig nachts über dir und singen Lieder, während du schläfst. Wenn du sie darum bittest, werden sie es noch öfter tun. Diese Musik heilt dich und erfüllt dich mit Frieden.

Viele Menschen haben ein Opferbewusstsein. Sie halten sich für hilflos und machtlos und strahlen diese Energie so intensiv aus, dass sie dann tatsächlich von anderen Menschen schikaniert und unterdrückt werden. Wenn du Mitleid mit einem Opfer hast, nimmst du ihm dadurch seine Kraft. Die Energie deiner Gedanken und Gefühle schwächt diesen Menschen.

Grausame Menschen, die andere schikanieren, sind mit sich selbst nicht im Reinen: Sie fühlen sich einsam und ungeliebt und berauben andere Menschen ihrer Kraft, um sich selbst besser zu fühlen. Du spürst es genau, wenn jemand dir gegenüber kritisch eingestellt oder wütend auf dich ist, und lässt automatisch deine Jalousien herunter. Dadurch verschließt du dein Herz, sodass keine liebevolle Beziehung, ja überhaupt keine Veränderung mehr möglich ist. Auch Tyrannen haben ein feines Gespür für die kritische Einstellung und den Zorn ihrer Mitmenschen. Auch sie verschließen ihr Herz, wenn andere sie verurteilen, und damit ist der Weg zu einer Änderung ihres Charakters versperrt.

Unbewusst suchen solche Tyrannen nach Menschen, die sich schikanieren und entmachten lassen. Sie ziehen Menschen mit Opferbewusstsein an. Das Opfer wiederum sucht unbewusst nach einem Tyrannen, um seine Lektion zu lernen: mehr Selbstbewusstsein zu entwickeln und sich durchzusetzen. Jeder Mensch bringt sich in die Situation, in der er am besten etwas über Selbstvertrauen, Selbstwertgefühl, persönliche Macht und Liebe lernen kann.
Das Gleiche spielt sich auch auf globaler Ebene ab. Wenn wir in der Presse von Terror, Krieg und Unterdrückung lesen, Mitleid mit den Unterdrückten haben und zornig auf die Täter sind, blockieren wir mit dieser Massenverurteilung jede Möglichkeit einer Veränderung. Unsere kollektive Energie gibt dem Problem immer wieder neue Nahrung.

Ein Meister bewertet die Inkarnation eines anderen Menschen nicht. Er erkennt an, dass beide Seiten – »Täter« und »Opfer« – etwas lernen, und zwar auf die einzige Art und Weise, die sie kennen. Er blickt über die

persönlichen Machtkämpfe seiner Mitmenschen hinaus; vor seinem inneren Auge sind sie frei von den Fesseln ihrer Konflikte und ihrer Unterdrückung, und er bittet die Engel, die Situation zu heilen. Dann betrachtet er das göttliche Ich dieser Menschen in all seiner Herrlichkeit. Alles, was du in einem anderen Menschen siehst, ziehst du in sein Leben hinein.
Ein Meister sieht aber auch nicht tatenlos zu, wie ein anderer Mensch verletzt wird oder wie Völkermorde begangen werden. Wenn einem Menschen ernsthaft Schaden zugefügt wird, schreitet er ein, um das Opfer zu beschützen, ohne jedoch irgendwelche Werturteile zu fällen.
Als Individuum und im Kollektiv haben wir die Macht, mit der Hilfe der Engel Frieden auf Erden zu schaffen.

EINEN FRIEDENSALTAR SCHAFFEN

Lege ein Tuch auf einen kleinen Tisch oder eine Kommode.
Du kannst eine Kerze, Weihrauch, Kristalle, Blumen, Federn oder Fotos von Menschen darauf stellen, die du liebst, um die Schwingung dieses Ortes zu erhöhen.
Suche eine schöne Schale und stelle sie auf deinem Altar auf. Das ist nun deine Engelschale.
Schreibe voller Liebe die Namen aller Menschen auf, die die Friedensengel mit ihren Flügeln umhüllen sollen.

Lege die Zettel mit den Namen in deine Engelschale und wisse, dass die Engel diesen Menschen helfen werden. Wenn du das Gefühl hast, dass der richtige Zeitpunkt dafür gekommen ist, kannst du die Zettel wieder herausnehmen.

DIENST AN UNSEREM PLANETEN

EINE FRIEDENSECKE SCHAFFEN

Wähle eine Ecke in deinem Haus oder deiner Wohnung aus, in der du künftig nur noch friedliche Gedanken hegen willst.
Fordere die Friedensengel auf, ihre Energie in deinem Haus zu verbreiten.
Baue Lichtbrücken, indem du Menschen, Orten und Situationen Friedensgedanken sendest. Dadurch erteilst du den Engeln die Erlaubnis, den Frieden dort hinzutragen.

KAPITEL 30

Erzengel Zadkiel

Der mächtige Erzengel Zadkiel herrscht über die Engel der Gnade, Freude und inneren Wandlung. Er ist auch unter dem Namen »Engel der Freiheit« bekannt.

Seine Zwillingsflamme ist Amethyst, der weibliche Aspekt des violetten Strahls, der uns innere Wandlung durch Vergebung, Mitgefühl und Gnade bringt. Der Amethyst symbolisiert die Verdichtung des violetten Strahls und ist der Geburtsstein des Wassermanns – des Neuen Zeitalters.

Wenn du Erzengel Zadkiel anrufst, erfüllt er dich mit dem Wunsch und der Kraft, dich von deiner Negativität und deinen inneren Begrenzungen zu befreien. Wenn du den Wunsch äußerst, dir und anderen zu verzeihen, werden die Engel des violetten Strahls sich für seine Erfüllung einsetzen. Sie werden die Ursache des Problems beseitigen und dich so von deinem gesamten Karma befreien. Rufe die Energie dieses Erzengels an, wenn du gern toleranter wärst oder wenn du dich in einer schwierigen Situation diplomatisch verhalten musst. Er verwandelt niedrigeres Bewusstsein in höheres. Dann bist du frei und bereit, Lebensfreude zum Ausdruck zu bringen.

Am Samstag ist dieser Strahl am stärksten auf der Erde spürbar.
Zadkiel und Amethyst sind die Engel des siebten Strahls der zeremoniellen Ordnung und Magie. Dieser Strahl verwurzelt die Spiritualität im Physischen und bringt damit den Himmel auf die Erde hinab.
Ein unentwickeltes Wesen auf diesem Strahl ist abergläubisch, bigott, überheblich und engstirnig. Ein Mensch, der mit dem höheren Aspekt dieses Strahls arbeitet, entwickelt Kraft, Selbstvertrauen, Weitherzigkeit, Toleranz und die Fähigkeit, in Harmonie mit Gott zu arbeiten. Dies ist der Strahl der Führer, Diplomaten und Könige.

Eines der fröhlichsten, freudvollsten Engelseminare, die ich je veranstaltet habe, fand in Irland statt. Viele Iren besitzen übersinnliche Fähigkeiten. Einige Seminarteilnehmer sagten mir, die Engel der Freude seien während des Seminartages zu mir auf die Bühne gekommen und hätten mit mir gespielt.

Erzengel Zadkiels spiritueller Aufenthaltsort liegt auf Kuba. Er bemüht sich, unser Seelenchakra zu erweitern. Dieses Chakra befindet sich über deinem Kopf und bringt dich mit deinem Höheren Selbst oder deiner Seele in Verbindung. Zadkiel hilft allen Menschen, in höhere Ebenen aufzusteigen, indem er sie innerlich erweckt und mit ihrer Seelenenergie in Kontakt treten lässt.
Erzengel Zadkiel arbeitet eng mit St. Germain, dem Chohan des siebten Strahls, zusammen. Beim Harmonie-Treffen meditierten so viele von uns und beteten darum, dass das Bewusstsein auf unserem Planeten eine höhere Ebene erreichen möge, dass wir gemeinsam ein großes Licht erschufen. Das ermöglichte es St. Germain, den Ursprung aller Dinge zu bitten, uns Menschen durch göttliche Dispensation zu helfen. Gott gewährt uns die violette Flamme der inneren Wandlung, die negative Schwingungen auflöst, wenn wir ihn darum bitten. Jeder Mensch kann die Hilfe dieser violetten Flamme in Anspruch nehmen; du brauchst nur darum zu bitten, und sie wird zu dir kommen.
Der violetten Flamme wohnt eine sehr große Kraft inne. Viele Menschen haben sich dieser Flamme schon bedient, um ihren physischen Körper, ihre Gefühle, Beziehungen und Glaubensvorstellungen sowie ihre Probleme auf tiefster Seelenebene zu heilen. Die Flamme brennt sich förmlich in den Ursprung unserer Blockaden hinein und verwandelt die schwere, grobstoffliche Schwingung in Licht.

Da so viele Menschen inzwischen ihr Bewusstsein auf eine höhere Frequenz emporgehoben haben, ist der silberne Strahl der Gnade und Harmonie vor kurzem mit der violetten Flamme verschmolzen, und aus dieser Verschmelzung ist die silberviolette Flamme der Gnade und inneren Wandlung hervorgegangen. Die Flamme hat sich ausgedehnt und umfasst jetzt ein Schwingungsspektrum, das von Blasslila über Malvenfarben und Silber bis hin zu einem tiefen Violett reicht.
Sobald du mit dieser silbervioletten Flamme zu arbeiten beginnst, bildet sich in deiner Aura die Farbe Violett, und du strahlst eine höhere spirituelle Schwingung aus. In einem Seminar machten wir gemeinsam Übungen, um Probleme zu transformieren und verschiedenen Menschen und Situationen auf der Welt die silberviolette Flamme zu senden. Eine Teilnehmerin ließ in der Mittagspause eine Aurafotografie von sich anfertigen. Ihre ganze Aura war von einem wunderschönen, pulsierenden Violett. Sie sagte, auf früheren Fotos sei ihre Aura immer nur gelb oder rot gewesen. Gelb ist die Energie des Denkens und logischen Vorgehens. Rot steht für Adrenalin, also Stress. Wahrscheinlich haben die Übungen, die wir während des Seminars machten, ihre Aura für kurze Zeit verändert. Doch wenn du dich entscheidest, ständig mit der silbervioletten Flamme oder anderen höheren Energien zu arbeiten, werden diese spirituellen Farben immer Bestandteil deines Aurafeldes sein. Dann wirst du auto-

matisch höher stehende Menschen und Situationen anziehen.

Als ich begann, die Engel der violetten Flamme anzurufen, sagten mir alle Leute, sie hätten ein paar Sekunden lang den Eindruck gehabt, mein Haar sei violett gefärbt. Sie sahen das Licht dieser Engel um mich herum. Es ist eine große Hilfe, alles, was du reinigen möchtest, vor deinem inneren Auge mit violetten, malvenfarbenen, silbernen und lilafarbenen Flammen zu umgeben. Mit dieser Visualisation kannst du deinen Zorn und all deine anderen negativen Gefühle in etwas Höheres verwandeln, eine Beziehung oder Ereignisse aus deiner Kindheit und aus früheren Existenzen reinigen.

Zwei ältere Schwestern waren schon seit mehreren Jahrzehnten verfeindet. Sie hassten sich. Dann wurde die eine Schwester krank und kam in ein Pflegeheim. Sie war bettlägerig, und es schien für sie keinen Grund mehr zu geben, am Leben zu hängen; doch der Hass ist ein festes Band, und sie und ihre Familie wussten, dass sie durch ein solches Band an ihre Schwester gefesselt war. Obwohl die beiden Schwestern sich schon seit Jahren nicht mehr gesehen hatten, konnte sie erst sterben,

wenn entweder ihr physischer Körper verfiel oder dieses Band in etwas Höheres transformiert wurde.
Da stellte die Tochter einer der Schwestern sich ihre Mutter und ihre Tante so lange in der silbervioletten Flamme vor, bis die Energie des Hasses verwandelt wurde und die ältere Schwester zu Gott heimkehren konnte.

Du kannst die silberviolette Flamme anrufen, damit sie dir deinen Weg erhellt und damit alles, was du an diesem Tag erlebst, innerlich gereinigt wird. Dann kannst du sicher sein, dass du die Ereignisse dieses Tages mit höchster Integrität bewältigen wirst und dass die Energie anderer Menschen dich nicht beeinträchtigt.
Du kannst diese Flamme sogar in bestimmte Teile deines Körpers hineinrufen, in denen physische Blockaden gespeichert sind. Sie hat eine ungeheuer befreiende und heilende Kraft. Eines Tages wanderte ich allein über eine Klippe und rief die silberviolette Flamme an. Zu jener Zeit dachte ich hin und wieder an eine Freundin, die im Krankenhaus lag, weil ein Knoten aus ihrer Brust entfernt werden musste. Ich stellte mir vor, wie die violette Flamme in ihre Brust eindrang.
Als ich später mit ihr telefonierte, erzählte sie mir, sie

sehe ständig überall um sich herum ein violettes Licht. Der Arzt habe ihr gesagt, dass sie den Tumor gerade noch rechtzeitig entfernt hatten und dass sie nun geheilt sei.

Mit der Affirmation »ICH BIN« bekräftigst du, dass dein göttliches Ich sich mit der genannten Eigenschaft oder Person im Einklang befindet. Folgende sehr wirkungsvolle »ICH BIN«-Affirmation hat mich Erzengel Zadkiel gelehrt. Sie wird dir helfen, dich völlig mit der silbervioletten Flamme zu identifizieren.

ICH BIN die silberviolette Flamme
ICH BIN die Flamme der Gnade
ICH BIN die Flamme der Freude
ICH BIN die Flamme der inneren Wandlung
ICH BIN St. Germain
ICH BIN Erzengel Zadkiel

Indem du sagst »ICH BIN St. Germain«, »ICH BIN Erzengel Zadkiel«, bekräftigst du, dass dein göttliches Ich sich jetzt völlig mit St. Germain und Erzengel Zadkiel identifiziert und mit ihrer Energie verschmilzt, sodass du diese Energie in deinem Leben zum Ausdruck bringen kannst.
Wenn du diese Affirmation mit Energie und Nachdruck aussprichst, wirst du merken, wie dein Leben sich verändert: All deine bewussten oder unbewussten negati-

ven Gedanken und Gefühle werden in höhere Empfindungen verwandelt, und Gnade tritt in dein Leben.

DIENST AN UNSEREM PLANETEN

Rufe die silberviolette Flamme an. Stelle dir vor oder spüre, wie diese Flamme dich einhüllt und all deine niedrigeren Schwingungen verbrennt.
Stelle dir einen Menschen, einen Ort oder eine Situation vor, der beziehungsweise die in Disharmonie ist, und hülle diesen Menschen, diesen Ort oder diese Situation in die silberviolette Flamme ein, bis du das Gefühl hast, dass eine Reinigung stattgefunden hat.
Stelle dir vor, wie die silberviolette Flamme unseren ganzen Planeten umfängt und allen Unrat, der sich dort angesammelt hat, verbrennt.
Wiederhole zum Schluss die Affirmation »ICH BIN die silberviolette Flamme«, so oft du kannst.
Das kannst du während der Meditation tun, aber auch, wenn du in einer Warteschlange stehst.

KAPITEL 31

Erzengel entbinden uns von unseren Gelübden

Wenn du bei einer Zeremonie ein Gelübde ablegst – ob das nun eine Heirat, eine Konfirmation oder der Eintritt in eine Religionsgemeinschaft, Sekte oder sonstige Gruppe ist –, versammeln sich die Engel, um dir zu helfen, dich an deinen Schwur zu halten. Wenn du als Baby getauft wirst, legt ein anderer Mensch das Gelübde für dich ab. Auch dann erhalten die Engel den Auftrag, darauf zu achten, dass du nicht von diesem Weg abweichst.

Wenn Kinder »Hochzeit« spielen und dabei die richtige Energie herrscht, werden die Engel darauf reagieren und das Eheversprechen wie ein heiliges Gelübde behandeln. Auf spiritueller Ebene sind diese beiden Kinder nun aneinander gebunden. Einige Menschen, die ich kenne, erinnern sich noch daran, dass sie als Kinder Hochzeit gespielt haben. Normalerweise ist ein solches Ehegelöbnis nur zwischen zwei besonders engen Freunden bindend. Oft waren auch noch andere Kinder dabei, was die Energie einer solchen Verpflichtung verstärkt.

Ich erinnere mich noch an eine Frau, die nicht heiraten wollte. Erst als das Ehegelöbnis aus ihrer Kindheit gelöst wurde, fühlte sie sich innerlich frei, ihren Partner zu ehelichen.

In diese Kategorie fallen auch Pakte, die mit einem Ritual geschlossen werden, beispielsweise Treueeide und bestimmte Verträge.

Wir leben heute in einer schnelllebigeren Zeit, und die Menschen packen den Inhalt mehrerer Leben in eine einzige Existenz hinein, ohne jedoch die Bande zu lösen, die durch ihre früheren Ehegelübde, Religionszugehörigkeiten und Arbeitsverträge entstanden sind. Eine Ehe ist eine Zeremonie. Eine Scheidung ist ein unterzeichnetes Stück Papier, das uns nicht von der Energie des ursprünglichen Ehegelöbnisses befreit. Das bedeutet, dass viele Menschen auf spiritueller Ebene durch Bande gefesselt sind, die von den Engeln immer noch aufrechterhalten werden, obwohl sie längst überholt sind.

Es ist wichtig, diese alten Gelübde, Verträge und Verpflichtungen zu lösen, damit du die Freiheit erhältst, dein Leben voll und ganz zu leben.

In früheren Leben hast du vielleicht Keuschheits-, Armuts-, Gehorsams- oder Schweigegelöbnisse abgelegt. Viele Menschen legten Gelübde der Treue und Mildtätigkeit ab, die sie verpflichteten, alles herzugeben, was sie besaßen. Andere gelobten, ein Leben der Entsagung oder Buße oder des strengen Gehorsams zu führen. Wenn du diese Schwüre bei deinem Tod nicht vollständig gelöst hast, beeinflussen sie dein jetziges Leben.

Wenn dich in diesem oder einem früheren Leben jemand verflucht hat, ist dieser Fluch in deinem Energiesystem gespeichert. Ein mit einem Ritual verbundener Fluch – wenn zum Beispiel Nadeln in eine Voodoopuppe gestochen werden – ist natürlich besonders Verderben bringend für seinen Urheber und seinen Empfänger. Also achte genau auf deine Gedanken und Worte! Wenn du einen Menschen verfluchst, der dich bestohlen oder verletzt hat, bist du durch mehrere Leben hindurch an diese Person gebunden – so lange, bis dein Fluch wieder gelöst wird. Mütter und Väter, die ein ungeborenes Kind verfluchen, das sie nicht haben wollen, verhängen damit eine Blockade über diese Seele. So etwas passiert viel leichter, als man denkt, vor allem, wenn man wütend oder erregt ist. Es ist Energieverschwendung, deswegen Schuldgefühle zu haben. Viel besser ist es, den Fluch wieder aufzuheben und sich selbst zu verzeihen, dass man ihn ausgesprochen hat.

Auch ein Implantat ist eine Art Fluch. Es bindet dich an die Person, die es dir eingesetzt hat, und verdammt euch beide. Außerirdische setzen uns Menschen manchmal Implantate ein, um etwas über unseren mentalen, emotionalen, sexuellen und physischen Körper zu erfahren, der sich von dem ihren unterscheidet. Diese Implantate müssen wieder entfernt werden. Als sich die

Schwingung in Atlantis auf ein niedrigeres Niveau herabsenkte und die Menschen ihre Technologien missbrauchten, um Macht über andere zu gewinnen, wurden Sklaven Kontrollmechanismen eingesetzt, die von ihren Herren gesteuert werden konnten. Ob du nun in einem früheren Leben ein solcher Herr oder ein Sklave warst – auf einer bestimmten Ebene bist du immer noch an diesen anderen Menschen gebunden, und das beeinträchtigt dein Bewusstsein.
Die Engel und Aufgestiegenen Meister helfen dir gern dabei, alte Gelübde, Verträge, Verpflichtungen und Flüche aus deinem Energiesystem zu befreien. Besonders hilfreich ist es, folgende mächtigen Wesen anzurufen:

Kumeka, der Meister des Lichts und Chohan des aquamarinblauen achten Strahls der Reinigung, kann sehr große Dinge bewirken, wenn du ihn um Hilfe anrufst.
Vywamus, das Höhere Selbst von Sanat Kumara, dem Wesen, das deinen Aufstieg in den Himmel überwacht, besitzt ebenfalls große Macht.
Djwal Kuhl, der Chohan des zweiten Strahls, der mit Meister Kut-Humi zusammenarbeitet, hat Alice Bailey den Inhalt ihrer Bücher diktiert. Er hat sein Leben der Aufgabe geweiht, allen Menschen auf diesem Planeten zu helfen.
Erzengel Michael und seine Engelscharen besitzen die

Vollmacht, alle dunklen Energien freizusetzen und in lichte Energien zu verwandeln.

Das kann man zum Beispiel tun, indem man ein Dekret erlässt. Eine Affirmation wird mehrfach wiederholt, damit sie sich deinem Unbewussten einprägt. Ein Dekret hingegen ist viel wirkungsvoller. Es ist ein Befehl ans Universum, den du aus der Perspektive eines Meisters aussprichst. Du erlässt es nur ein einziges Mal. Es ist so mächtig, dass die Kräfte des Universums darauf reagieren müssen.
Dabei sitzt oder stehst du mit aufrechten Schultern und hoch erhobenem Kopf und sprichst laut und mit Nachdruck.
Eine Vorrede wie die folgende hilft dir, die Energie um dich herum zu reinigen:

VORREDE ZU EINEM DEKRET
Ich verzeihe allen Menschen – bekannten und unbekannten –, die mich je verletzt, geschädigt oder verflucht haben, und bitte auch diejenigen bekannten und unbekannten Menschen um Verzeihung, die ich selbst verletzt, geschädigt oder verflucht habe.
Ich rufe für alle Situationen, Umstände und Ereignisse in meinem jetzigen Leben und all meinen früheren Leben das der Gnade unterstehende Gesetz der Vergebung an.

ANRUFUNG
Jetzt rufe ich Meister Kumeka, den Chohan des achten Strahls, Vywamus, Djwal Kuhl und den mächtigen Erzengel Michael an und bitte sie, mich von allen alten Gelübden zu befreien.

DEKRET
Im Namen Gottes und allen Lichts verfüge ich jetzt nach dem Gesetz der Gnade, dass alle Verpflichtungen (Schwüre, Flüche, Pakte, Gelöbnisse und Implantate), die ich selbst eingegangen bin oder die mir andere Menschen auferlegt haben, annulliert und in höhere Energie verwandelt werden – in diesem oder einem anderen Leben, in allen parallelen Leben und Universen und in all meinen Körpern. Ich entbinde die Engel, die diese Gelöbnisse vollstrecken, unverzüglich von ihren Verpflichtungen. ICH BIN vollkommen frei.

Wiederhole dieses Dekret dreimal.
Damit ist es in Kraft getreten.
Auch eine Befreiungsmeditation und -zeremonie ist in dieser Hinsicht sehr wirkungsvoll. Du findest sie auf Seite 354 dieses Buches.

DIENST AN UNSEREM PLANETEN

Erlasse ein Dekret, das Familien, Länder und die ganze Menschheit von ihren Gelübden und Flüchen entbindet.
Beispiel für ein solches Dekret: Im Namen Gottes und allen Lichts verfüge ich jetzt nach dem Gesetz der Gnade, dass alle Schwüre, Flüche, Pakte, Gelöbnisse und Implantate, die (Name der Familie, der Stadt oder des Landes) hemmen, annulliert werden. Ich entbinde die Engel, die diese Gelöbnisse vollstrecken, unverzüglich von ihren Verpflichtungen.

Wiederhole dieses Dekret dreimal.
Damit ist es in Kraft getreten.

KAPITEL 32

Dein umfassenderes Ich

Du bist ein viel größeres und umfassenderes Wesen, als du glaubst. Der Teil deiner selbst, der auf der Erde weilt, ist nur ein Bruchteil deiner Seele. Viele Menschen sind auf den inneren Ebenen große Meister. Deine Mission in diesem Leben kann sehr viel größer und erhabener werden, wenn du dich ganz mit deinem wahren Selbst identifizierst.

Ich erlaube nicht jedem beliebigen Menschen, in meine Energiefelder einzutreten. Es ist etwas sehr Persönliches, wenn ein Mensch einen anderen heilt, massiert oder irgendeine Energiearbeit an seinem Körper verrichtet.
Doch als ich Susie Anthony kennen lernte und sie mir eine ihrer ganz besonderen Heilungssitzungen anbot, ergriff ich die Gelegenheit sofort. Und als die Sitzung vorüber war, fühlte ich mich fantastisch.
Sie erzählte mir, dass während der ganzen Heilungssitzung ein Geistführer mit ihr gearbeitet habe. Es war ein Meister der dreiunddreißigsten Ebene – ein unvorstellbar mächtiges Wesen.

Dann schilderte sie mir diesen Meister genau – sein Aussehen, seine Verbindungen zu bestimmten Orten auf der Erde und seine Mission. Ich war höchst erstaunt. Der Mann, den sie da beschrieb, war ein enger Freund von mir! »Das ist kein Geistführer, sondern nur ein Freund«, widersprach ich. Sie stimmte sich wieder auf den Meister ein und sagte dann: »Auf den inneren Ebenen ist er ein unglaublich hoch entwickelter Meister. Aber der Teil von ihm, der auf der Erde lebt, weiß das nicht.«

Interessanterweise hatte ich schon zweimal blitzartig seinen »goldenen Körper« vor meinem inneren Auge gesehen und ihm jedes Mal gesagt, er sei ein mächtiger Meister. Es stellte sich heraus, dass er das auch schon von anderen Channeling-Medien gehört hatte. Ich glaube, inzwischen ahnt er allmählich, wer er in Wirklichkeit ist.

Vielleicht bist auch du auf den inneren Ebenen ein hoch entwickelter Meister. Wenn du dich mit deinem wahren Selbst identifizierst, kannst du deine Macht und dein Licht auf der Erde manifestieren.

Auch Catherine hat ihr erweitertes Selbst kennen gelernt. Als sie erwachsen wurde, erschien ihr ein Engel namens Aqua la A Wa La und eröffnete ihr, sie sei auf der Erde, um Ozeane und Emotionen zu heilen. »Im Zustand meines größeren Ichs drang die Farbe Aquamarinblau in mich ein und erweiterte mein Bewusstsein so sehr, dass ich mit den Füßen fest in der Erde verwurzelt war und mein Kopf in den Galaxien schwebte.«

Ihre persönliche Aufgabe auf der Erde scheint das Heilen von Krankheiten zu sein, während die Mission ihrer mächtigen Seele darin besteht, Ozeane und Emotionen zu heilen.

»Aqua« bedeutet Wasser – das Element der Gefühle. Und »marin« bezieht sich auf das Meer oder den Ozean. Daher war es ganz logisch, dass die Farbe Aquamarinblau in sie einströmte.

Catherine Seiler schickte mir folgende Tagebuchauszüge mit faszinierenden Erkenntnissen über unser umfassenderes Ich und die vieldimensionalen Leben, die wir führen. Viele Sternenkinder aus anderen Galaxien und Universen inkarnieren sich jetzt auf der Erde, um bei dem großen Bewusstseinswandel mitzuhelfen, der momentan hier stattfindet.

Ihr Brief faszinierte mich, denn mein Geistführer Kumeka hat mir gesagt, dass Erzengel Metatron hauptsächlich in einem anderen Universum arbeitet. Es gibt zwölf verschiedene Universen; Näheres darüber kann man in meinem Buch *A Little Light on Ascension* (deutsch: *Dein Aufstieg ins Licht)* nachlesen.

Catherine begann ihr Tagebuch nach einer unglaublich intensiven Engelmeditation zu führen. »Auf dem Heimweg sah ich einen großen Engel; ich glaube, es war

Metatron. Dann sagte eine Stimme in meinem Kopf, ich sei ein Sternenmensch, und ich antwortete: ›Ja, klar.‹ Später, als ich im Bett lag, erfuhr ich, dass ich einer Rasse von Wesen entstamme, die den Menschen in ihrer Technologie überlegen, in spiritueller und emotionaler Hinsicht aber unterlegen sei. Ich hatte eingewilligt, auf den Planeten Erde zu kommen, um mehr über diese Dinge zu erfahren und dem Rat von Urr darüber zu berichten. Anscheinend habe ich das auch jeden Abend getan, aber ich habe nicht mehr viele Erinnerungen daran; es sind nur verschwommene Bilder.

Das erklärt, warum Metatron zu mir gesprochen hat; denn er ist der Engel, der hauptsächlich in diesem Universum arbeitet. Das ist auch der Grund, warum er auf dem Planeten Erde mit mir zusammenarbeiten möchte. Die Erde heißt ja auch der blaue Planet; deshalb beruhigt die Farbe Blau mich so sehr.

Als ich an diesem Morgen die Augen schloss, sah ich strahlende Lichtpünktchen vor mir. Ich erfuhr, dass das Sterne und Planeten des Sonnensystems Gamita waren, von dem ich stamme.

Ich habe inzwischen schon vieles von meinem anderen Planeten begriffen, weiß aber noch nicht, wie ich das in die Sprache übersetzen soll, die ich hier auf der Erde spreche.

Ich muss noch hinzufügen, dass ich auf meinem Weg zur Kirche am Sonntag erfuhr, dass Gamita ein Sonnensystem des elften Universums ist und sich, wie ich bereits erwähnt habe, im siebten Quadranten dieses Universums befindet. Ich weiß, dass ich das alles eigentlich verstehen sollte; aber wegen all der Schwierigkeiten auf dem Planeten Erde bin ich zurzeit ziemlich erschöpft.«

Auch von Suzanne bekam ich einen Brief, in dem sie mir beschrieb, wie sie ihr umfassenderes Ich erlebte.
Während eines Fluges von Maskat nach Abu Dhabi fühlte sie sich gestresst und voll innerer Unruhe. Sie versuchte sich zu entspannen und eine beruhigende Szene vor ihrem inneren Auge entstehen zu lassen. »Doch plötzlich schien diese Szene ein Eigenleben zu entwickeln«, schrieb sie. »Ich hatte keine Kontrolle mehr darüber.
Mein Geist dehnte sich bis zu den Sternen hinauf aus und öffnete sich dem Weltraum und dem Wissen, dass es dort intelligente, kultivierte, weise Lebensformen gibt. Dieses Gefühl der Weite erfüllte mich ganz – oder besser gesagt: Mein Geist war plötzlich grenzenlos und dehnte sich über die knöcherne Hülle meines Schädels hinaus aus. Meine physischen Sinneseindrücke verblassten; ich hörte das Dröhnen und die Stimmen der anderen Menschen im Flugzeug nicht mehr. Aber ich hatte auch nicht das Gefühl, zu schlafen. Irgendwie war mir immer noch bewusst, dass ich im Flugzeug saß.

Mein Bewusstsein war von einem ungeheuer großen, friedvollen, ultramarinblauen Dunkel umhüllt. Ganz unten sah ich eine kleine, dunkle Gestalt, die aussah, als werde sie von einem Lichtstrahl erhellt. Ich fragte mich, wer das wohl sein mochte, und es kam mir in den Sinn, dass dies mein eigenes verängstigtes Inneres war. Es war, als flüsterten Wesen in der ultramarinblauen Dunkelheit mir diese Erkenntnis ein. Die Gestalt schien jetzt winzig klein und weit entfernt zu sein; doch in meinem Leben auf der Erde nimmt sie häufig mein ganzes Ich ein. Es war ein dünnes, schwarzes, nervöses Geschöpf mit heißer, schleimiger Haut. Es wand sich ängstlich und blickte über die Schulter nach hinten und zu uns empor, obwohl es in der Dunkelheit gar nichts sehen konnte. Ich sage ›uns‹, weil ich das Gefühl hatte, dass mehrere Wesen bei mir waren. Ich spürte auch, dass diese Wesen sehr liebevoll und mitfühlend waren.
›Warum hat dieses Geschöpf so große Angst?‹, fragte ich.
›Weil es in Unwissenheit aufgewachsen ist‹, kam die Antwort aus der ultramarinblauen Dunkelheit. ›Es *weiß* nichts.‹
›Armes kleines Ding‹, dachte ich. Ich empfand Mitleid und Güte für das Geschöpf.
Dann spürten meine physischen Sinne, dass das Flugzeug zum Landeanflug auf Abu Dhabi ansetzte. Aber ich wollte die Sterne und diesen großen ultramarinblauen Raum nicht verlassen. ›Nein!‹, dachte ich. ›Ich

will nicht zurück auf die Erde. Ich will dieses Gefühl der Weite nicht zurücklassen oder verlieren.‹

›Stell dir die Erde nicht als etwas vor, was *da unten* liegt‹, sagten die mitfühlenden Wesen. ›Die Erde ist ein Teil von allem.‹

Da hatte ich plötzlich das Gefühl, die Unendlichkeit zu begreifen. Mir wurde klar, dass die Erde tatsächlich nicht *da unten* lag und nicht von den Sternen getrennt war. Und dass wir jetzt ganz einfach auf irgendeinem Flughafen im Weltraum landeten. Ich kam wieder zu Bewusstsein und fühlte mich sehr entspannt. Ich hatte das wunderbare Gefühl, dass diese Wesen sich liebevoll um mich gekümmert hatten.«

Später schrieb Suzanne in ihr Tagebuch: »Das Gefühl, dass diese ›Vision‹ mehr als ein bloßer Tagtraum gewesen war, hielt noch eine Zeit lang an. Ich ging in der Moorlandschaft hinter unserem Haus spazieren, starrte zum Himmel empor und hatte das Gefühl, dass es dort Gefährten, liebevolle Wesen gab. Doch ein Teil meiner Persönlichkeit ist sehr skeptisch und versucht für alles eine rationale Erklärung zu finden; und nach einer Weile verbannte ich mein Erlebnis einfach ins Reich der Erinnerung.«

Dann fügt sie noch hinzu: »Aber jetzt, nach zehn Jahren, habe ich das Gefühl, die Realität dieser Erfahrungen nicht länger leugnen zu können!«

So viele von uns sind Große Meister, ohne es zu wissen. Viele Menschen berichten mir, dass sie sich die Bilder der Aufgestiegenen Meister auf meiner Internetseite ansehen und in ihnen Wesen wiedererkennen, die ihnen öfters im Traum erscheinen und mit ihnen sprechen. Die Aufgestiegenen Meister sind unsere älteren Brüder. Sie fühlen sich uns nicht überlegener, als du dich deinem jüngeren Bruder überlegen fühlst; sie sind einfach nur älter als wir.

DIENST AN UNSEREM PLANETEN

Vielleicht bist du bereits ein erhabenes, weises Aufgestiegenes Wesen. Handle so, als seist du es, dann wird dein Licht alle Menschen berühren, denen du begegnest.
Steige in der Meditation zu den Sternen empor, und nimm Verbindung mit anderen Planeten, Galaxien und Universen auf. Bringe ihnen Liebe vom Planeten Erde mit.

KAPITEL 33

Erzengel und Chakren

Jeder der Erzengel der sieben ersten Strahlen ist gemeinsan mit seiner Zwillingsflamme für die Entwicklung eines unserer Chakren verantwortlich. Es gibt sieben Hauptchakren (spirituelle Energiezentren).
Tiere haben nur ein einziges Chakra. Beim Menschen hat sich das Wurzelchakra in Wurzelchakra und Sakralchakra differenziert.

Wurzel- und Sakralchakra	Erzengel Gabriel und die Hoffnung
Solarplexus	Erzengel Uriel und Aurora
Herzchakra	Erzengel Chamuel und die Nächstenliebe
Kehlkopfchakra	Erzengel Michael und der Glaube
Drittes Auge	Erzengel Raphael und Maria
Scheitelchakra	Erzengel Jophiel und Christine
Seelenchakra	Erzengel Zadkiel und Amethyst

Wenn du deinen Weg durch diese Welt gehst, schwingen deine Gedanken, Worte, Absichten und Taten in einem ganz bestimmten Frequenzbereich. Du bewegst dich in der Frequenz der dritten Dimension. Die dazugehörigen Chakren sind in deinem Ätherleib (dem Gegenstück deines Körpers im Äther) verankert. Du bist als menschliches Wesen der dritten Dimension bekannt. Deine höheren Chakren wenden sich nach oben zu deinem Höheren Selbst oder deiner Seele, um von dort Instruktionen zu empfangen.

Die Chakren der dritten Dimension und ihre Zuordnungen sind:

1.	Wurzelchakra	Rot	Überleben
2.	Sakralchakra	Orange	Gefühle und Sexualität
3.	Solarplexus	Gelb	persönliche Macht
4.	Herzchakra	Grün	persönliche und emotionale Liebe
5.	Kehlkopfchakra	Türkis	Kommunikation und Vertrauen
6.	Drittes Auge	Indigo	höhere mentale Kräfte und Heilung
7.	Scheitelchakra	Violett	Suche nach Kontakt mit deiner Seele
8.	Seelenchakra	Blauweiß	Verbindung mit deiner Seele

Die Chakren befinden sich über und unter dir wie Leitersprossen. Wenn du dein Bewusstsein auf ein höheres Niveau emporhebst, schwingen auch deine Gedanken, Worte, Absichten und Taten auf einer höheren Frequenz. Die Chakren der dritten Dimension wandern an deinen Beinen nach unten, und neue Chakren auf einer höheren Ebene – im Frequenzband der vierten Dimension – nehmen ihren Platz ein. Wenn diese Chakren in dir verankert und aktiviert sind, wirst du zum menschlichen Wesen der vierten Dimension und gehst den Weg der inneren Freiheit und Liebe. Wenn das höchste dieser Chakren, das weißviolette Scheitelchakra, aktiv ist, verschmilzt deine Seele oder dein Höheres Selbst mit deiner Persönlichkeit. Dann empfängst du Instruktionen von deiner Monade oder deiner ICH BIN-Präsenz – dem Funken, der dir vom Ursprung aller Dinge eingegeben wurde. Deine Monade ist dein wahres göttliches Wesen, deine göttliche Essenz, und dein Ziel ist es, diesen göttlichen Teil deiner selbst in dein physisches Leben zu integrieren.

Die Chakren der vierten Dimension und ihre Zuordnungen sind:

9.	Wurzelchakra	Perlweiß	Freude
10.	Sakralchakra	blasses Orangerosa	Gleichgewicht zwischen Männlichem und Weiblichem

11.	Solarplexus	Gold	Weisheit
12.	Herzchakra	blasses Rosaviolett	bedingungslose Liebe
13.	Kehlkopfchakra	tiefes Blauviolett	übersinnliche und spirituelle Fähigkeiten
14.	Drittes Auge	Weißgolden	göttliche Gedanken
15.	Scheitelchakra	Weißviolett	Empfang von Instruktionen von der Monade, deinem wahren göttlichen Ich

Wenn du das Wurzelchakra in dir verankerst und aktivierst, wird Freude zur Basis deines Lebens. Du trägst größere spirituelle Verantwortung und wirst auf galaktischer Ebene zu einem Wächter der Erde. Dein zehntes Chakra wird aktiv, wenn du deine männliche und weibliche Energie in Harmonie bringst, sodass du für dich selbst sorgen, klar und logisch denken und dich durchsetzen kannst, aber gleichzeitig auch kreative Ideen hast, dich selbst pflegen und heilen und auf deine innere Weisheit hören kannst. Diese Ganzheit ist ein Zustand des Gleichklangs mit deiner Seele, der dich befähigt, Kontakt mit dem Sonnensystem aufzunehmen und dir Zugang zu höheren Informationen zu verschaffen.

Die Aktivierung des goldenen Chakras der Weisheit in deinem Solarplexus befähigt dich, bei Gruppenmeditationen mit anderen Galaxien in Kontakt zu treten. Dann wirst du zu einem Botschafter der Erde.
Wenn die rosaviolette Energie in dein Herz eindringt, wird es vergeistigt. Auf kosmischer Ebene verbindet dich das mit dem Rest des Universums.
Das tiefe Blauviolett des Kehlkopfchakras befähigt dich, mit Erzengeln und höheren Wesen zu kommunizieren und dich zu materialisieren und zu entmaterialisieren. Du kannst lernen, an zwei Orten gleichzeitig zu sein und höhere Fähigkeiten zu gebrauchen.
Wenn sich das weißgoldene vierzehnte Chakra öffnet, gibt dein Geist sich ganz und gar dem göttlichen Plan hin. Dann kommunizierst du mit den Meistern und höheren Führern.
Wenn dein Scheitelchakra sich öffnet, verschmilzt deine Persönlichkeit mit deiner Seele. Du strahlst dann nach oben ein weißviolettes Licht aus und empfängst Anweisungen direkt von deiner Monade.

Wenn die Chakren der fünften Dimension in deine Aura eintreten, verschwinden die Chakren der dritten Dimension in der Erde, und die der vierten wandern deine Beine hinunter.

Die Chakren der fünften Dimension und ihre Zuordnungen sind:

16.	Wurzelchakra	Platinfarben	Glückseligkeit; ein Leben des spirituellen Dienstes
17.	Sakralchakra	Magentarot und Platinfarben	das göttliche Weibliche
18.	Solarplexus	Gold und Regenbogenfarben	die Weisheit des Universums
19.	Herzchakra	Reinweiß	Christusbewusstsein
20.	Kehlkopfchakra	Königsblau	gemeinsames Schöpfertum mit Gott
21.	Drittes Auge und	Kristallklar	Verschmelzung mit deiner Monade
22.	Scheitelchakra verschmelzen miteinander		

Wenn das Wurzelchakra der fünften Dimension sich in dir verankert und aktiviert hat, kannst du dich als Aufgestiegenen Meister bezeichnen. Jetzt beginnst du Anweisungen von deiner Monade zu empfangen und den Weg Jesu Christi auf Erden zu gehen. Trotzdem gibt es

auf deinem Weg die spirituelle Leiter hinauf noch viele Initiationen zu bestehen.
Erst wenn alle Chakren der fünften Dimension in dir verankert und aktiviert sind, bist du ein vollkommener Aufgestiegener Meister. Die meisten dieser Meister entscheiden sich, auf der Erde zu bleiben und der Menschheit zu dienen, wobei sie ihre Anweisungen direkt von Gott empfangen. Diese Ebene zu erreichen ist bisher nur wenigen Menschen gelungen; doch jetzt eröffnen sich uns ungeahnte neue Möglichkeiten: Die Hierarchie der Engel und die erhabenen Lichtwesen helfen allen Menschen, die ihr Leben dem Aufstieg in höhere Ebenen widmen, dieses Ziel zu erreichen.

Auch du kannst dich auf den höheren Dienst an der Menschheit vorbereiten, indem du während der Meditation die nächsten fünfzig Chakren in deiner Aura verankerst.
Du bist ein vieldimensionales Wesen; deine Chakren öffnen sich automatisch deiner Schwingung entsprechend. Je mehr Zeit und Energie du darauf verwendest, dich mit den höheren Chakren zu identifizieren, umso mehr wirst du in einer höheren Dimension leben. Du wirst Menschen und Situationen anziehen, die auf einer höheren Frequenz schwingen und es dir ermöglichen, aufzusteigen und auch deinen Mitmenschen zu einem rascheren Aufstieg zu verhelfen.

DIENST AN UNSEREM PLANETEN

Der größte Dienst, den du diesem Planeten erweisen kannst, ist, deine eigenen höheren Chakren in dir zu verankern und zu aktivieren, sodass du ein großes Licht ausstrahlst.
Du kannst auch anderen Menschen, die schon bereit dafür sind, erklären, wie man das macht, und dich dabei an den Übungen in diesem Buch orientieren.

Engelübungen und -meditationen

Kontaktaufnahme mit deinem Schutzengel

Dein Schutzengel ist immer bei dir und sendet dir Liebe, Mitgefühl und Ermutigung. Es ist eine große Hilfe, seinen Namen zu kennen.
Du kannst deinen Schutzengel um Hilfe, Unterstützung und Trost anrufen. Außerdem kannst du darum bitten, durch den Schutzengel eines anderen Menschen zu dieser Person zu sprechen. Die Farbe der Engel ist Gold. Wenn du diese Farbe um dich herum spürst, denkst oder visualisierst, kann dein Engel leichter Kontakt mit dir aufnehmen. Manche Menschen empfangen den Namen ihres Engels gerade deshalb nicht, weil sie sich zu krampfhaft darum bemühen oder zu intensiv darüber nachdenken. Wenn es dir nicht gleich gelingt, entspanne dich einfach, und versuche es ein anderes Mal wieder, oder bitte deinen Engel, dir morgens beim Aufwachen seinen Namen einzugeben. Ein Name ist eine Schwingung. Der Name deines Engels kann kompliziert oder einfach, alltäglich oder ungewöhnlich sein. Wenn du den Namen eines Erzengels empfängst, arbeitet dein Engel

höchstwahrscheinlich unter der Leitung dieses Erzengels. Akzeptiere einfach den ersten Eindruck, den du empfängst.

MEDITATION, UM KONTAKT MIT DEINEM SCHUTZENGEL AUFZUNEHMEN UND SEINEN NAMEN ZU ERFAHREN

1. Begib dich an einen Ort, an dem du garantiert ungestört bist.
2. Wenn möglich, erhöhe die Energie durch Blumen, eine Kerze, Weihrauch, Engelmusik (falls du sie magst) und schöne Gegenstände oder Bücher.
3. Setze oder lege dich hin, und halte dabei den Rücken gerade.
4. Erde dich, indem du dir vorstellst, wie Wurzeln aus deinen Füßen in den Boden wachsen.
5. Umgib dich mit einem schützenden goldenen Kokon. Nimm dir ein paar Minuten Zeit, um die Farbe Gold in diesen Kokon zu atmen, und entspanne dabei deinen ganzen Körper.
6. Bitte deinen Schutzengel in Gedanken, in deine Aura einzutreten und dich zu berühren. Wahrscheinlich wirst du dabei eine physische Empfindung haben, einen Duft wahrnehmen oder eine große Liebe spüren.

7. Bitte deinen Engel, dich mit seinen Flügeln zu umfangen, und entspanne dich in dieser schützenden, liebevollen Umarmung.
8. Frage deinen Schutzengel nach seinem Namen. Akzeptiere den ersten Namen, der dir in den Sinn kommt.
9. Bitte in aller Ruhe um die Hilfe, die du brauchst.
10. Bedanke dich bei deinem Schutzengel.
11. Schlage die Augen auf, und recke und strecke dich.

Engelsflügel

Wenn du spirituell wächst und dich weiterentwickelst, manifestierst du Engeleigenschaften und strahlst diese Qualitäten auch aus. Dann wachsen dir Engelsflügel. Diese Flügel sind natürlich nicht physisch sichtbar; aber es kann sein, dass du Schmerzen, eine Spannung, ein Kribbeln oder irgendein anderes Gefühl unter deinen Schulterblättern spürst, wenn die Energie sich dort zu sammeln beginnt.

Die Flügel zeigen sich in deinem Ätherleib, dem unsichtbaren spirituellen Gegenstück deines physischen Körpers, in dem deine Lebensgeschichte und deine Entwicklung aufgezeichnet werden. Wenn dir zum Beispiel ein Glied amputiert worden ist, besitzt du dieses Glied in deinem Ätherleib noch immer, und vielleicht hast du darin auch bestimmte Empfindungen, die du so spürst, als wären es physische Empfindungen.

Jeder Mensch hat andere Engelsflügel. Diese Flügel haben sehr unterschiedliche Farben, Formen und Eigenschaften und fühlen sich auch unterschiedlich an. Manche Menschen haben große, gefiederte Flügel, andere winzig kleine, die sehr schnell flattern. Manche Engelsflügel sind federleicht und dünn, andere stark und mächtig. Sie können spitz oder rundlich, rosa, weiß oder golden sein oder jede beliebige andere Form und Farbe haben.

Es ist ein wunderbares Gefühl, zu wissen, wie deine Flügel aussehen, und sie zu spüren. Deine Engelsflügel verändern sich übrigens auch. Sie entwickeln sich ständig weiter und werden immer größer und stärker.

In die folgende Meditation kannst du dich ab und zu versenken, um zu spüren, wie sich deine Engeleigenschaften in deinen Flügeln manifestieren.

Manchen Menschen scheinen doppelte Engelsflügel zu wachsen, wenn sie ihr Bewusstsein ausdehnen.

MEDITATION FÜR DEINE ENGELSFLÜGEL

1. Begib dich an einen Ort, an dem du garantiert ungestört bist.
2. Wenn möglich, erhöhe die Energie durch Blumen, eine Kerze, passende Musik (falls du Musik magst) und schöne Gegenstände oder Bücher.
3. Setze oder lege dich mit geradem Rücken hin.
4. Erde dich, indem du dir vorstellst, wie Wurzeln aus deinen Füßen in den Boden wachsen.
5. Entspanne dich, und löse dich von der Außen-

welt. Konzentriere dich auf deine Atmung. Sobald du ganz entspannt bist und dich wohl fühlst, streichle mit deinen Atemzügen deinen Körper vom Kopf aus nach unten. Stelle dir vor, wie du mit jedem Atemzug friedlicher und entspannter wirst.

6. Nimm deine Wirbelsäule bewusst wahr, und achte darauf, aus welchem Teil von ihr sich deine Flügel entfalten.
7. Lasse sie sich ganz ausbreiten.
8. Spüre ihre Größe, Form, Farbe und Beschaffenheit.
9. Stelle dir vor, wie du deine Flügel ganz langsam und vorsichtig bewegst, bis dir das Flügelschlagen leicht fällt.
10. Bitte deine Engel, dich an den Händen zu halten und dir zu helfen, in den Himmel zu fliegen. Genieße das Fliegen mit ihrer Hilfe.
11. Sobald du bereit dazu bist, lasse die Hände deiner Engel los, und fliege allein durch den Sternenhimmel. Erlebe die Freude und Freiheit deines Engel-Ichs.
12. Bestreue Menschen und Orte, die dessen bedürfen, mit goldenem Engelstaub.
13. Kehre wieder in deinen Körper zurück, und sitze ein paar Minuten lang ruhig da.
14. Spüre deine Füße auf dem Boden, und achte darauf, dass du gut geerdet bist.

15. Recke und strecke dich, und schlage die Augen auf.
16. Beglückwünsche dich zu deinen Engelsflügeln.

Wie du dem Engel deines Hauses oder Arbeitsplatzes begegnen kannst

Jedes Haus, Büro oder Krankenhaus, jede Schule und jedes Regierungsgebäude hat einen eigenen Engel, der darüber wacht. Wenn an diesem Ort eine niedrige Energie herrscht, haben die Engel es bei der Erfüllung ihrer Aufgabe sehr schwer. Du kannst ihnen helfen, indem du die Energie auf ein höheres Niveau hebst.

Jedes Mal, wenn du ein Geschäft, ein Sportzentrum, ein Bürogebäude, das Zuhause eines anderen Menschen oder irgendein anderes Gebäude betrittst, beeinflusst du die Energie, die dort herrscht. Wenn du zornig oder ängstlich bist oder dich unwohl fühlst, bringst du diese Negativität mit dir, und dann fällt es dem Engel dieses Gebäudes schwerer, die Menschen und Situationen dort positiv zu beeinflussen. Wenn du dagegen in heiterer, glücklicher, liebevoller und friedlicher Stimmung bist, trägst du ein strahlendes Licht in das Gebäude, und dann ist es für den Engel leichter, allen Menschen, die sich dort aufhalten, zu helfen. Wenn du dem Gebäude beim Eintreten deinen Segen erteilst, erfüllst du es mit einem

hellen Licht und empfängst ebenfalls einen Segen. Wenn du laut oder in Gedanken die Silbe »OM« aussprichst, reinigst du den Ort zusätzlich.
Offenbar ist es leichter, mit dem Engel deines Zuhauses oder deines Arbeitsplatzes in Kontakt zu treten, wenn die Energie dieses Gebäudes hell und klar ist.

MEDITATION, UM DEM ENGEL DEINES ZUHAUSES ODER ARBEITSPLATZES ZU BEGEGNEN

1. Begib dich an einen Ort, an dem du garantiert ungestört bist.
2. Wenn möglich, erhöhe die Energie durch Blumen, eine Kerze, Engelmusik (falls du solche Musik magst) und schöne Gegenstände oder Bücher.
3. Setze oder lege dich mit geradem Rücken hin.
4. Erde dich, indem du dir vorstellst, wie Wurzeln aus deinen Füßen in den Boden wachsen.
5. Umgib dich mit einem schützenden goldenen Lichtkokon.
6. Entspanne dich, und löse dich von der Außenwelt.
7. Summe ein paar Minuten lang leise oder in Gedanken die Silbe »OM« vor dich hin. (Sie wird »AH-OH-MM« ausgesprochen).
8. Stelle dir vor, wie sich das Zimmer, in dem du dich befindest, mit goldenem Licht füllt.

9. Bitte den Engel deines Zuhauses oder Arbeitsplatzes, dir zu erscheinen. Vielleicht siehst, spürst oder fühlst du daraufhin seine Gegenwart, oder du weißt intuitiv, dass er da ist.
10. Übermittle dem Engel deine Liebe und Dankbarkeit dafür, dass er über dein Zuhause oder über das Gebäude wacht, in dem du dich gerade befindest.
11. Öffne dich innerlich, um die Liebe und Dankbarkeit dieses Engels zu empfangen.
12. Frage den Engel, ob er irgendeine Botschaft für dich hat oder wie du ihm helfen kannst, seine Aufgabe besser zu erfüllen. Vielleicht empfängst du daraufhin einen visuellen oder telepathischen Eindruck. Es kann sogar sein, dass du eine gesprochene Antwort hörst.
13. Sitze ein paar Minuten lang ruhig da.
14. Dann bewege deine Hände und Füße. Recke und strecke dich, und schlage die Augen auf.

Erfülle dein Haus mit Engeln

Du selbst entscheidest, welche Energie in deinem Haus oder deiner Wohnung herrscht. Kein Mensch kann dich beeinflussen, wenn du es ihm nicht erlaubst. Wenn deine Aura schwach oder kaputt ist, weil du einem anderen Menschen oder einer Sache deine Macht überantwortet hast, solltest du sofort damit beginnen, sie wieder zu stärken, indem du dich gut ernährst, wirkungsvolle Affirmationen aussprichst, positive Entscheidungen triffst, Dinge visualisierst, die du dir wünschst, und mit der Engelhierarchie des Lichts in Kontakt trittst.

Jedes Mal, wenn du an einen Engel, Erzengel oder Meister denkst oder von ihm sprichst, ziehst du etwas von seiner Energie in deine Aura hinein, sodass sie heller und strahlender wird.

Wenn du eine starke, klare Aura hast, werden andere Menschen deinen Visionen und Entscheidungen folgen.

SO KANNST DU DEIN ZUHAUSE REINIGEN

Damit dein Haus oder deine Wohnung auf die Engel einladend wirkt, solltest du zunächst einmal allen Müll und alles Gerümpel beseitigen. Räume auf. Sauge Staub, und putze das Haus. Wenn nötig, solltest du es auch neu streichen oder tapezieren.
Öffne die Fenster, um schale, verbrauchte Energie hinaus- und frische Luft hereinzulassen. Wenn du oder jemand anders in dieser Wohnung einen Streit hatte oder hässliche Dinge gesagt hat, ist das besonders dringend notwendig.
Reinige die Wohnung, indem du Weihrauch anzündest und den Rauch in alle Ecken wehen lässt. Lasse in jedem Zimmer Zimbeln oder Glocken erklingen. Klatsche in die Hände, um angestaute Energie »aufzubrechen« und wieder in Bewegung zu bringen.
Überprüfe den Inhalt deiner Bücherregale und wirf alle Bücher weg, die eine niedrige Schwingung oder dunkle Ausstrahlung haben. Pflanzen mit schmalen Blättern wie beispielsweise Farne verwandeln negative Formen in positive.
Rufe die silberviolette Flamme herbei, und stelle dir vor, wie sie dein Haus oder deine Wohnung erfüllt.

SO KANNST DU DAS LICHT IN DEINEM ZUHAUSE VERSTÄRKEN

Kaufe oder leihe dir Bücher mit spirituellem Inhalt, die Licht ausstrahlen. Auch die Bilder an den Wänden senden eine Energie aus. Schöne Bilder von Landschaften und vom Ozean, von strahlenden oder heiligen Menschen, kraftvollen und lebendigen Kindern und Tieren verbreiten Licht um sich herum.
Engel lieben Farben; also belebe deine Wohnung mit farbigen Kissen, Decken oder Teppichen und Brücken, falls es dort bisher an Farbe mangelt. Stelle Töpfe mit Pflanzen und Vasen mit Blumen auf.
Errichte einen Altar, und stelle Kerzen, Kristalle, schöne Gegenstände und Bilder oder Statuen von Heiligen und Aufgestiegenen Meistern darauf. Wenn du dir jeden Tag ein paar Minuten Zeit nimmst, um die Kerze anzuzünden und ein Gebet zu sprechen, lockst du damit die Engel an.
Meditiere und bete. Freudvolles Tanzen bringt Licht in deine Wohnung.

KLÄNGE, DIE ENGEL LIEBEN

Klassische Musik und viele der schönen New-Age-Kompositionen, die geschaffen wurden, um uns Frieden

und Harmonie zu bringen, beglücken die Engel und locken sie an. Auch an der Musik von kristallenen oder tibetischen Klangschalen haben sie Freude.
Engel lieben fröhliches Lachen. Also bevölkere dein Zuhause mit einer glücklichen Familie und fröhlichen Freunden; dann werden die Engel dich besuchen kommen. Jedes Mal, wenn du schöne oder heilige Lieder singst, wird deine Wohnung schöner und reizvoller für die Engel. Summe ein Mantra, den Namen Gottes oder die heilige Silbe »OM« oder »AAH« vor dich hin – oder einfach eine fröhliche kleine Melodie. Spirituelle Gespräche und positive, liebevolle Äußerungen über andere Menschen sind Musik in den Ohren der höheren Wesen.

MEDITATION, UM ENGEL IN DEIN HAUS ZU LOCKEN

1. Begib dich an einen Ort, an dem du garantiert ungestört bist.
2. Wenn möglich, erhöhe die Energie durch Blumen, eine Kerze, Engelmusik (falls du solche Musik magst) und schöne Gegenstände oder Bücher.
3. Setze oder lege dich mit geradem Rücken hin.
4. Erde dich, indem du dir vorstellst, wie Wurzeln aus deinen Füßen in den Boden wachsen.
5. Entspanne dich, und löse dich von der Außenwelt.

Sieh dich in deiner Wohnung um, und segne all die schönen Menschen und Dinge, die sich darin befinden.

6. Schließe die Augen, und stelle dir vor, dass deine Wohnung von einem schönen goldenen Licht erfüllt ist.
7. Bitte darum, dass vom Ursprung aller Dinge eine goldene Lichtsäule herabkommen möge, die durch dein Haus bis in die Erde reicht. Stelle dir vor, wie die Lichtsäule in dein Haus eintritt.
8. Rufe die Engel an, und lade sie in dein Haus ein.
9. Vertraue darauf, dass sie tatsächlich gekommen sind, und konzentriere dich darauf, was für ein Gefühl das ist.
10. Danke ihnen für ihr Kommen und versprich ihnen, dass du die Energie in deiner Wohnung hell und rein erhalten wirst, damit sie dich auch weiterhin mit ihrer Gegenwart beehren.

Schreibe deinem Schutzengel einen Brief

Eine der besten Möglichkeiten, mit deinem Schutzengel zu kommunizieren, ist, ihm einen Brief zu schreiben. Vielleicht bekommst du sogar eine Antwort!
Du kannst das überall und jederzeit tun, wenn du ganz ruhig und ungestört bist. Dabei gehst du genauso vor, wie wenn du einen Brief an einen Menschen schreibst. Zunächst einmal denkst du an die Person, der du schreiben möchtest. Dann denkst du darüber nach, was du ihr mitteilen willst. Und schließlich bringst du es zu Papier.
Damit dein Engel dir eine Antwort eingeben kann, ist es am besten, dich von allen Gedanken und Erwartungen zu lösen. Entspanne dich einfach, und lass deine Hand über das Papier gleiten. Du wirst vielleicht erstaunt und beglückt über die Antworten sein, die du erhältst. Häufig empfangen Menschen in solchen Briefen, die ihr Engel ihnen eingibt, tiefe Weisheiten, Anweisungen und Unterstützung, die nur aus einer höheren, engelhaften Quelle stammen kann.
Schreibe dem Engel nicht »Ich will dies« oder »Ich will

das«, sondern erkläre ihm die Situation, damit er dir auf die höchste Weise helfen kann. Deine Erklärungen verraten dem Engel auch, wie viel er nach dem Spirituellen Gesetz für dich tun kann.
Engel schreiben nur liebevolle Briefe. Wenn du irgendetwas anderes empfängst, dann hast du es nicht mit einem Engel zu tun. Brich den Kontakt ab.

WIE DU DEINEM SCHUTZENGEL EINEN BRIEF SCHREIBST

1. Erde dich, indem du dir vorstellst, wie Wurzeln aus deinen Füßen oder deinem Steißbein in den Boden wachsen.
2. Entspanne dich, und werde innerlich ganz still.
3. Stelle dir vor, in einem schönen Tempel oder an irgendeinem anderen Ort zu sein, an dem du inneren Frieden empfindest.
4. Denke an deinen Schutzengel.
5. Schreibe das Datum und die Anrede »Mein lieber Schutzengel« (oder irgendeine andere Grußformel) auf den Briefbogen.
6. Nun schreibe deinen Brief an den Engel.
7. Danke ihm für seine Hilfe.
8. Unterschreibe den Brief.
9. Sitze dann noch für eine Weile ruhig da.

WIE DU EINE ANTWORT VON DEINEM SCHUTZENGEL EMPFÄNGST

1. Lege einen neuen Bogen Papier bereit, und schreibe oben das Datum hin.
2. Entspanne dich einen Augenblick.
3. Sage deinem Schutzengel, dass du bereit bist, eine Antwort von ihm zu empfangen.
4. Schreibe oben auf den Briefbogen eine Grußformel, die deinen Namen enthält (zum Beispiel: »Lieber / Liebe ...«). Vielleicht gebrauchst du dabei ganz automatisch eine Grußformel, die du sonst nicht benutzt. Engel nennen uns Menschen häufig »Mein geliebter / Meine geliebte ...«
5. Und nun lasse deinen Bleistift oder Füllfederhalter einfach über das Papier gleiten. Überprüfe oder zensiere das, was du schreibst, nicht mit dem Verstand. Lass es aus dem Herzen kommen.
6. Lasse deinen Schutzengel den Brief so unterschreiben, wie er es gern möchte.
7. Und nun lies seine Antwort!

Schreibe dem Schutzengel eines anderen Menschen einen Brief

Eine andere sehr wirkungsvolle Methode, dein Leben zu heilen, besteht darin, dem Schutzengel eines anderen Menschen zu schreiben. Vielleicht gibt es jemanden, mit dem du gern kommunizieren möchtest, aber nicht kannst. Wenn es dir schwer fällt, diesem Menschen gegenüber deine Gefühle auszudrücken, oder wenn du möchtest, dass eure Beziehung sich zu einer höheren, klareren oder liebevolleren Ausdrucksform entwickelt, erzähle dem Schutzengel dieses Menschen davon, und bitte ihn um seine Hilfe. Beschreibe die Situation und deine Gefühle. Schildere dem Engel deinen Zorn, deine Verletztheit oder deine Liebe, Bewunderung und Zuneigung für diesen Menschen. Vielleicht musst du ihm auch mitteilen, dass du Hilfe brauchst, um die Vergangenheit loslassen zu können. Vielleicht möchtest du, dass aus deinem Kontakt zu diesem Menschen eine feste freundschaftliche Beziehung wird. Oder du willst mit ihm zusammenarbeiten oder würdest ihm gern näher kommen. Vielleicht möchtest du diesem Menschen sogar eine Hilfe und Unterstützung anbieten, die er im Augenblick noch ablehnt. Schreibe seinem Schutzengel, und erzähle ihm das.

Der Engel dieser Person wird nur das tun, was ihrem höchsten Wohl dient. Doch Beziehungen zu heilen und Freundschaft zu fördern, dient immer dem höchsten Wohl. Vielleicht antwortet der Engel dir auch und gibt dir ganz neue Erkenntnisse ein.

Du kannst das überall und jederzeit tun, wenn du ganz ruhig und ungestört bist. Dabei gehst du genauso vor wie in der vorigen Übung. Denke an die Person, an die du schreibst, und daran, was du ihr mitteilen möchtest; und dann bringe es zu Papier.

Wenn du eine Antwort vom Schutzengel dieses Menschen erhältst, ist es am besten, dich von allen Gedanken und Erwartungen zu lösen. Entspanne dich einfach, und lass deine Hand über das Papier gleiten.

Schreibe dem Engel nicht: »Ich will dies oder das von dem anderen Menschen«, sondern erläutere ihm die Situation, damit er dir auf die höchste Weise helfen kann.

Engel schreiben nur liebevolle Briefe. Wenn du irgendetwas anderes empfängst, hast du es nicht mit einem Engel zu tun. Dann brich den Kontakt ab.

WIE DU DEM SCHUTZENGEL EINES ANDEREN MENSCHEN EINEN BRIEF SCHREIBST

1. Erde dich, indem du dir vorstellst, wie Wurzeln aus deinen Füßen oder deinem Steißbein in den Boden wachsen.
2. Entspanne dich, und werde innerlich ganz still.
3. Umgib dich mit einer Kugel aus reflektierendem weißen Licht.
4. Stelle dir vor, in einem schönen Tempel oder an irgendeinem anderen Ort zu sein, an dem du inneren Frieden empfindest.
5. Denke an den betreffenden Menschen und seinen Schutzengel.
6. Schreibe zuerst das Datum und dann »Lieber Schutzengel von ...« (oder irgendeine andere Grußformel) auf den Briefbogen.
7. Nun schreibe deinen Brief an den Engel.
8. Danke ihm für seine Hilfe.
9. Unterschreibe den Brief.
10. Sitze für eine Weile einfach nur ruhig da.

WIE DU EINE ANTWORT VOM SCHUTZENGEL EINES ANDEREN MENSCHEN EMPFÄNGST

1. Lege einen neuen Bogen Papier bereit, und schreibe oben das Datum hin.
2. Entspanne dich für einen Augenblick.
3. Sage dem Engel, dass du bereit bist, eine Antwort von ihm zu empfangen.
4. Schreibe oben auf den Briefbogen eine Grußformel, die deinen Namen enthält (zum Beispiel: »Lieber / Liebe ...«). Vielleicht gebrauchst du dabei ganz automatisch eine Grußformel, die du normalerweise nicht benutzt. Engel nennen uns Menschen häufig »Mein geliebter / Meine geliebte ...«
5. Und nun lasse deinen Bleistift oder Füllfederhalter einfach über das Papier gleiten. Überprüfe oder zensiere das, was du schreibst, nicht mit dem Verstand. Lass es aus deinem Herzen kommen.
6. Lasse den Engel seinen Brief so unterschreiben, wie er es gern möchte.
7. Und nun lies seine Antwort!

Engelanrufung

Rufe laut oder in Gedanken alle unten beschriebenen Energien nacheinander herbei, und warte einen Augenblick, bis du das Gefühl hast, dass jede einzelne sich in dir verankert hat. Das wird dein Licht sehr verstärken, und die Engel werden dich berühren. Natürlich kannst du auch noch weitere Engelwesen anrufen, wenn du möchtest. Diese Engelanrufung ist noch wirksamer, wenn du sie einer Gruppe laut vorliest.
Setze dich dabei mit offenem Herzen in aufnahmebereiter Haltung hin, und halte deine Hände so, dass die Handflächen nach oben zeigen.

Ich rufe jetzt an:

1. Eine goldene Lichtsäule, die mich umgeben soll.
2. Einen Lichtregen von den Engeln.
3. Einen Liebesregen von den Engeln.
4. Engel, die jede Facette meines Seelendiamanten bis zur Vollkommenheit schleifen mögen.
5. Erzengel Michael, damit er mir Mut gibt, Schutz gewährt und meine Bemühungen mit positiven Resultaten krönt.

6. Erzengel Jophiel, damit er mir Weisheit und Erleuchtung, Taktgefühl und Weitblick schenkt.
7. Erzengel Chamuel, damit er die Flamme der Liebe in meinem Herzen stärkt.
8. Erzengel Gabriel, damit er mich innerlich reinigt und führt und mir hilft, mir selbst und anderen Menschen zu verzeihen.
9. Erzengel Raphael, damit er meine innere Vision stärkt, mich heilt und mir inneren und äußeren Reichtum schenkt.
10. Erzengel Uriel, damit er mir Frieden bringt und mich von meinen mentalen und emotionalen Fesseln befreit.
11. Erzengel Zadkiel, damit er mir Gnade gewährt und meine Energie auf ein höheres Niveau emporhebt.
12. Erzengel Metatron, damit er mein Licht auf die höchste Stufe emporhebt, die ich ertragen kann.
13. Maria, die Muttergottes, damit sie mein inneres Kind heilt und mich mit Mitgefühl erfüllt.
14. Die Herren des Karmas, den Großen Göttlichen Leiter, die Göttin der Freiheit, Nada, Pallas Athene, Elohim Vista, Kuan Yin und Portia, damit sie mir Gnade gewähren und mich von meinem Karma befreien.

Nach dieser Anrufung hüllst du dich in eine reinweiße, strahlende, schützende Lichtkugel ein.

ÜBUNG 8

Engelanrufung für unseren Planeten

Mit der folgenden Anrufung schickst du unserem Planeten ganze Heerscharen von Engeln zu Hilfe. Rufe laut oder in Gedanken alle unten aufgeführten Energien nacheinander herbei, und warte einen Augenblick, bis du das Gefühl hast, dass sie sich alle in dir verankert haben. Dann stelle dir Millionen von Engeln vor, die über Regenbogenbrücken aus Licht herbeigeströmt kommen, um deinem Gebot Folge zu leisten. Wenn du die Engel gemeinsam mit anderen Menschen anrufst, hat diese Anrufung eine noch stärkere Wirkung.

Wenn du die Namen der Orte oder Personen nennst, zu denen du die Engel hinlenken möchtest, kann ihre Energie noch zielgerichteter wirken. Setze dich dabei offenen Herzens in aufnahmebereiter Haltung hin, und halte deine Hände so, dass die Handflächen nach oben zeigen.

Ich rufe jetzt an:

1. Die Friedensengel – und lenke sie ... (an einen Ort oder zu einer Person, der oder die sie besonders dringend braucht).

2. Die Engel des Reichtums – und lenke sie in Gebiete, in denen Armut herrscht.
3. Die Engel des Mitgefühls, damit sie Menschen, die verletzt wurden oder ein gebrochenes Herz haben, mit ihren Flügeln umfangen.
4. Die Engel der Heilung, damit sie alle Menschen berühren, die Schmerzen haben.
5. Die Engel der Kooperation – und lenke sie an Orte, an denen Uneinigkeit herrscht.
6. Die Engel der Offenheit, um überall, wo es Heimlichkeiten gibt oder strenge Dogmen herrschen, den Geist und die Herzen der Menschen zu öffnen.
7. Die Engel der Klarheit, um Licht dorthin zu bringen, wo Verwirrung herrscht.
8. Die Engel der Macht, um alle Menschen zu unterstützen, denen es an Selbstvertrauen fehlt.
9. Die Engel der Freiheit, um mentale oder physische Fesseln zu lösen.
10. Die Engel der Güte und Zärtlichkeit, um die Hartherzigen zu erweichen.
11. Die Engel der Ausbildung, um den Geist derer zu erleuchten, die bereit sind, zu lernen.
12. Die Engel der Freude, um fröhliches Lachen dorthin zu bringen, wo Traurigkeit herrscht.
13. Die Engel der Hoffnung, um den Bedrückten Licht zu bringen.

14. Die Engel der Kreativität, damit sie dorthin gehen, wo Lösungen gebraucht werden.
15. Die Engel des Humors und des Spiels, um die Ernsten aufzuheitern.
16. Die Engel der Kraft und des Mutes, um die spirituellen Krieger zu wappnen.

Wie man Engel channelt

Stelle dir eine Telefonverbindung vor. Wenn die Verbindung gut ist, kannst du mit dem Menschen am anderen Ende der Leitung sprechen. Wenn nicht, sind die Störgeräusche in der Leitung vielleicht so laut, dass du deinen Gesprächspartner nicht verstehst.

Channeling bedeutet nichts anderes, als deine Frequenz auf die deines Engels anzuheben, sodass du direkt mit ihm kommunizieren und Informationen von ihm empfangen kannst.

Es gibt immer eine direkte Verbindung zwischen dir und deinem Engel, sodass du jederzeit Kontakt mit ihm aufnehmen kannst – solange die Frequenz stimmt. Es haben schon viele Menschen Geistführer, Engel, ja sogar Aufgestiegene Meister gechannelt, ohne sich dessen bewusst zu sein.

Wenn du dich jemals Worte der Weisheit aussprechen hörtest und dich fragtest: »Wie bin ich denn bloß darauf gekommen?«, hat wahrscheinlich dein Engel durch dich gesprochen.

Auch wenn du schon einmal einen Text geschrieben oder getippt und hinterher über das Tempo, die Qualität und

Kreativität deiner Leistung gestaunt hast, hast du deinen Engel gechannelt. Das passiert ständig, und du kannst üben, es auch bewusst geschehen zu lassen.

Entspanne dich, und sei innerlich ganz ruhig, gelassen und zentriert. So befreist du die »Telefonverbindung« von allen Störungen. Dann hebe dein Bewusstsein auf eine höhere Ebene empor, indem du anderen verzeihst und keine Werturteile mehr fällst. Auch durch Wertschätzung, Freude, Liebe und Schönheit kannst du dein Bewusstsein erhöhen.

Natürlich kannst du deinen Engel nicht channeln, wenn du innerlich verschlossen und skeptisch bist. Selbst wenn du ein kreatives Genie sein solltest, das ständig unbewusst mit seinem Engel in Kontakt steht, können Zweifel diesen Kanal verschließen, sobald du versuchst, eine bewusste Verbindung mit ihm aufzunehmen. Du musst also offen, intuitiv, aufnahmebereit und entspannt sein.

Du kannst deinen Schutzengel am besten channeln, wenn du beide Gehirnhälften einsetzt. Du brauchst deine linkshirnigen Fähigkeiten der Konzentration dazu ebenso wie die Kreativität, Intuition und innere Offenheit deiner rechten Hemisphäre.

Am wichtigsten sind dein Wunsch und deine ehrliche Absicht, deinen Engel zu channeln. Wenn du nur prüfen willst, ob seine Vorhersagen richtig sind, wird dein Engel dir nicht antworten. Aber wenn du dir aufrichtig wünschst, dich eng mit deiner höheren Führung zu verbinden, und entschlossen bist, auf diese innere Stimme zu hören, wird dein Engel dir gern Informationen, Hilfe, Anleitung, Ermutigung und Inspiration zuteil werden lassen.

Ehe du versuchst mit anderen Engeln oder gar mit den Erzengeln und Aufgestiegenen Meistern zu kommunizieren, solltest du erst einmal eine enge Beziehung zu deinem Schutzengel aufbauen. Die Kommunikation mit den anderen Engeln wird dir später gelingen, wenn du dein Bewusstsein auf ein höheres Niveau angehoben und mehr Erfahrungen im Channeln von Engeln gesammelt hast.

Da die Energie deines Schutzengels dir so vertraut ist, merkst du vielleicht gar nicht, dass du Informationen aus dieser Quelle empfängst. Vielleicht glaubst du, dass das einfach nur deine eigenen Gedanken sind. Doch ich nehme immer eine goldene Qualität wahr, wenn Engel sprechen. Denke daran, dass sie stets nur mit Liebe und Mitgefühl zu dir sprechen. Sie geben dir Kraft und fördern deine innere Unabhängigkeit. Wenn du also eine kritische, wertende, zornige oder negative Energie spürst, kannst du sicher sein, dass das nicht die Stimme deines Engels ist. Dann solltest du den Kontakt abbrechen.

Auch wenn du nicht deinen Schutzengel, sondern einen anderen Engel channelst, wird er sehr sanft und liebevoll in dein Energiefeld eintreten. Doch wenn die Schwingung des Engels, mit dem du in Kontakt getreten bist, sich stark von derjenigen unterscheidet, mit der du vertraut bist, ist das vielleicht ein seltsames Gefühl. Womöglich fühlst du dich dann zitterig oder hast das Gefühl, dich innerlich ausgedehnt zu haben. Vertraue auf deine Intuition, und brich den Kontakt ab, wenn du Angst hast oder im Zweifel bist.

Nachdem du deinen Engel gechannelt hast, werden deine Energiefelder mehr Licht enthalten. Licht beinhaltet spirituelle Information, spirituelles Wissen und Liebe. Das Channeln wird stets dazu beitragen, dich innerlich auszudehnen.

Vielleicht spürst du die Gegenwart deines Schutzengels, siehst ein Bild vor deinem inneren Auge oder nimmst einen Duft wahr, wenn er in deiner Nähe ist. Es kann auch sein, dass du gesprochene Worte hörst; doch höchstwahrscheinlich findet die Kommunikation auf telepathischem Weg statt. Vielleicht empfängst du Eindrücke oder siehst Bilder. Höhere Wesen können auf viele verschiedene Arten mit dir kommunizieren. Bleibe einfach offen und aufnahmebereit.

Engel sind keine Wahrsager. Hohe spirituelle Wesen lehnen es häufig ab, dir deine Zukunft vorherzusagen. Jedenfalls können sie dir – wie auch jeder medial begabte Mensch – nur eine mögliche Zukunft voraussagen, denn deine Zukunft wird durch deine Gedanken, Worte und Taten geformt. Der Weg, der vor dir liegt, kann in viele verschiedene Richtungen führen. Ein gutes

Medium kann dir nur sagen, was wahrscheinlich geschehen wird, und sich dabei auf die Energie stützen, die du zum Zeitpunkt der Sitzung ausstrahlst. Aber du hast die Macht, diese Energie zu verändern.
Natürlich gibt es Entscheidungen, die deine Seele bereits vor deiner Geburt getroffen hat. Vielleicht hast du beschlossen, in einem bestimmten Alter einen geliebten Menschen zu verlieren oder eine ganz bestimmte Person kennen zu lernen und zu heiraten. Doch selbst diese Seelenentscheidungen sind nicht immer unumstößlich.
Es ist erlaubt, deinen Schutzengel um Ratschläge für deinen nächsten Schritt zu bitten. Du kannst dich zum Beispiel auf Erzengel Gabriel einstimmen und ihn um Informationen über deine Lebensaufgabe bitten, wenn es in deinem höchsten Interesse liegt, diese zu erfahren. Du kannst ihn auch fragen, was du aus einer bestimmten Situation lernen sollst, oder ihn um Erkenntnisse über Beziehungen, Probleme und bestimmte Situationen auf der Welt bitten. Und du kannst ihn natürlich immer danach fragen, wie du unserem Planeten am besten dienen kannst.
Eine Möglichkeit, deinen Engel zu channeln, besteht darin, ihm einen Brief zu schreiben, in dem du ihm deine Situation schilderst und ihm sagst, was du gern wissen möchtest. Dann sei innerlich offen, und schreibe einfach alles nieder, was dir in den Sinn kommt.

Das kannst du auch gemeinsam mit einem Partner tun; der eine empfängt die Energie des Engels für den anderen. In diesem Fall sagst du deinem Partner, welche Fragen du stellen möchtest. Dein Schutzengel und der Engel deines Partners werden dann zusammenarbeiten, und dein Partner wird die Antworten für dich channeln.

WIE MAN ENGEL CHANNELT

1. Der Fragende überlegt sich, welche Fragen er stellen möchte.
2. Erde dich, indem du den Boden unter deinen Füßen spürst.
3. Nimm dir ein paar Minuten Zeit, um dir alles Gute in deinem Leben bewusst zu machen und zu würdigen.
4. Stelle dir vor, an einem schönen Ort zu sein.
5. Umgib dich mit weißviolettem Licht, um deine Frequenz zu schützen und zu erhöhen.
6. Stelle dir vor, wie eine Lichtsäule in deine rechte Gehirnhälfte hineinströmt und all deine Gehirnzellen mit ihrem Licht umspült. Dann lass das Licht in deine linke Gehirnhälfte fließen und beide Hälften miteinander verbinden.
7. Nimm Kontakt mit deinem Engel auf.

8. Der Fragende stellt nun seine Fragen.
9. Channele die Antworten deines Engels.

Engelkugeln

Engel können mit Hilfe deiner Energie Wunder wirken. Ich kreiere gern Engelkugeln. Das ist eine sehr einfache und doch wirkungsvolle, schöne Übung, die man gut in einer Gruppe machen kann. Gemeinsam erschafft ihr eine Kugel aus Klang und Farbe und fordert die Engel auf, sie mit ihrem Licht zu erfüllen.

Wenn du jemanden kennst, der sich einsam fühlt oder an gebrochenem Herzen leidet, konzentriere dich auf die Farbe Rosa, und fordere die Engel der Liebe auf, deine Engelkugel mit ihrer Liebe und ihrem Mitgefühl zu erfüllen.

Cynthia erzählte mir, dass ihre Schwester Jean sehr unglücklich war, als ihr Mann sie verließ. Sie weinte ständig und konnte ihren Trennungsschmerz nicht überwinden. Da schuf Cynthia in einem Seminar eine Liebes-Engelkugel für ihre Schwester und schickte sie ihr. Als sie ihrer Schwester auf dem Heimweg einen Besuch abstattete, lächelte Jean zum ersten Mal, seit ihr Mann sie verlassen hatte. Von da an begann sie wieder aufzuleben.

Bei einem anderen Seminar schufen wir Friedens-

Engelkugeln. Ich bat alle Teilnehmer, sich zu überlegen, was für eine Farbe sie mit dem Frieden assoziierten, und die Farbengel dabei um Hilfe zu bitten. Sie summten in die Kugel hinein und forderten die Klangengel auf, mit ihnen zusammenzuarbeiten. Dann riefen wir gemeinsam die Friedensengel an und baten sie, die Kugel mit ihrem Licht zu erfüllen.
Als ich ein Jahr später an den Ort zurückkehrte, wo das Seminar stattgefunden hatte, erzählte mir einer der Teilnehmer, er habe seine goldene Friedenskugel seiner Mutter geschickt, die seit dem Tod seines Bruders an einer schweren Depression gelitten hatte. Als sie die Kugel empfing, saß sie gerade bei sich zu Hause im Wohnzimmer. Da sah sie zu ihrem großen Erstaunen plötzlich ein goldenes Licht im Zimmer umherschweben. Ihre Depression legte sich, und sie konnte wieder ein normales Leben führen.
Ein junger Mann, der mir schrieb, hatte etwas Ähnliches erlebt. Auch seine Mutter trauerte immer noch um seinen verstorbenen Bruder. Da schuf er bei einem Seminar eine rosafarbene Heilungskugel für sie. Als er ihr die Kugel schickte, »sah« die Mutter sie und war getröstet.
Manchmal schaffen wir auch sehr schöne, leuchtend gefärbte Kugeln der Freude und werfen sie Menschen und Orten zu, die der Aufheiterung bedürfen. Dabei wirken die Engel der Freude immer gern mit.

Auch Heilungskugeln können Wunder bewirken. Die Liebe und Konzentration, die du in deine Kugel strömen lässt, während du sie mit Klang und Farbe erfüllst, ermöglicht es den Engelmächten, durch dich mit der Person in Kontakt zu treten, für die du die Kugel geschaffen hast. Eine Freundin von mir sandte ihrem Onkel, der nach einer Knieverletzung immer noch humpelte, eine tiefblaue Heilungskugel, und er erholte sich daraufhin rascher von seiner Verletzung, als alle erwartet hatten.
Du kannst auch eine Kraftkugel fertigen und sie jemandem schicken, der beispielsweise Angst vor einem Vorstellungsgespräch hat. Ich habe das schon einmal getan, und das hat dem Mann, dem ich die Kugel schickte, tatsächlich Mut gemacht. Eine solche Kraftkugel kann Menschen auch Ruhe und Selbstvertrauen für eine Prüfung schenken.
Ebenso kannst du Engelkugeln des Reichtums, der Liebe, des Erfolgs, der familiären Harmonie, ja sogar des Glücks und Vertrauens schaffen und mit deiner Energie erfüllen.
Wenn du eine Kraft- oder Friedenskugel schaffst und sie einem Menschen überreichst, den du kennst, setze die Kugel in seinen Solarplexus. Eine Liebeskugel gehört ins Herz. Wenn du die Engel bittest, jemandem zu mehr Vertrauen oder besserer Kommunikationsfähigkeit zu verhelfen, solltest du die Engelkugel in seinem Kehlkopfchakra platzieren. Und wenn jemand sich unsicher fühlt

und du eine Sicherheits-Engelkugel für ihn schaffst, dann setze sie in sein Wurzelchakra. Wenn du dir nicht sicher sein solltest, wo deine Engelkugel hingehört, bitte die Engel um Rat, und folge dann einfach deiner Intuition.
Es können auch mehrere Menschen gemeinsam solche Engelkugeln schaffen und sie dann zu einer großen Kugel zusammensetzen. Jemandem eine solche Kugel zu schicken ist sehr wirkungsvoll.
Manchmal fertigen wir in einem Seminar alle gemeinsam eine Engelkugel und senden sie an einen Ort, an dem es Probleme gibt. Es ist ein wunderbares Gefühl, die verschiedenfarbigen Lichtkugeln zu spüren oder zu sehen, die alle eine andere Schwingung haben, und zu beobachten, wie sie an dem Konfliktort aufprallen und dazu beitragen, Frieden, Heilung, Kraft, Freude, Vertrauen, innere Ruhe und unzählige andere positive Eigenschaften dorthin zu bringen.
Engelkugeln sind unter anderem deshalb so wirkungsvoll, weil du dabei deine Konzentration und deine gute Absicht über einen längeren Zeitraum hinweg aufrechterhältst. Wenn du die Klangengel anrufst, werden sie deinem Gesang oder Summen den perfekten Ton entnehmen und für die Engelkugel verwenden. Ebenso wählen die Farbengel aus der Farbe, die du aussendest, den perfekten Farbton aus. Und natürlich helfen dir auch die Engel jener Eigenschaft, auf die du dich bei der Schaffung deiner Engelkugel konzentrierst.

WIE MAN JEMANDEM EINE ENGELKUGEL SENDET

1. Überlege dir, wem du die Engelkugel senden möchtest und welche Eigenschaft sie beinhalten soll. Wähle auch eine Farbe für deine Kugel aus.
2. Schließe die Augen, und reibe die Hände aneinander, um die Hand-Chakren zu öffnen und Energie aufzubauen.
3. Nun halte deine Hände ungefähr dreißig Zentimeter auseinander, bis du einen Widerstand, ein Gefühl der Kälte oder Wärme oder ein Kribbeln spürst.
4. Denke an die Farbe, die du für deine Kugel verwendest, oder visualisiere sie, und bitte die Farbengel, mit dir zusammenzuarbeiten.
5. Rufe die Engel der Eigenschaft an, die du mit der Kugel versenden willst, und bitte sie, ihr Licht in sie einströmen zu lassen.
6. Summe in die Kugel hinein, und bitte die Klangengel, mit dir zusammenzuarbeiten. Tue das so lange, wie es dir angemessen erscheint.
7. Sende deine Kugel an einen Ort oder eine Person, und stelle dir vor, wie dieser Ort oder diese Person die Kugel in sich aufnimmt.
8. Bedanke dich bei den Engeln.

Erzengel Gabriels Hilfe für dein Wurzelchakra

Erzengel Gabriel und seine Zwillingsflamme, die Hoffnung, haben die Aufgabe, sich um die Weiterentwicklung unseres Wurzel- und Sakralchakras zu kümmern. Sie wollen allen Menschen helfen, sich von einem Leben, das nur auf Reaktion und Überlebenstrieb basiert, durch Freude und Vertrauen hin zu einem Leben des freudigen Dienstes an unserem Planeten zu entwickeln.
Auf physischer Ebene regiert das Wurzelchakra Dickdarm, Mastdarm, Beine und Füße. Kreuzschmerzen sind ein Zeichen dafür, dass du dich im Hinblick auf dein Leben unsicher und ungestützt fühlst.
Wenn dein rotes Wurzelchakra der dritten Dimension richtig funktioniert, gibt es dir Schwung und Tatkraft, um alles zu erledigen, was getan werden muss, und die nötige Energie in deine Arbeit und deine Beziehungen zu investieren. Es erfüllt dich mit der Leidenschaft, die du brauchst, um ein erfolgreiches Leben zu führen.
Diesem Chakra sind die Nebennieren unterstellt. Wenn es sich weiterentwickelt, entspannen sich deine Neben-

nieren und schütten nur noch dann zusätzliches Adrenalin aus, wenn du es wirklich benötigst. Deine innere Anspannung lässt automatisch nach, und dein Leben verläuft friedlicher und reibungsloser.

Wenn du mehr Freude in dein Leben bringst, hilft Erzengel Gabriel dir, das leuchtend perlweiße Wurzelchakra der vierten Dimension in deinen Körper zu integrieren. Dieses Chakra erleuchtet alle Zellen deines Körpers.

Wenn sich das platinfarbene Wurzelchakra der fünften Dimension entwickelt, verleiht Erzengel Gabriel dir die Fähigkeit, dein Leben auf einem starken spirituellen Fundament aufzubauen.

Deine Gedanken und die Art, wie du dein Leben führst, sind für die Entwicklung der höheren Chakren natürlich sehr wichtig. Aber du kannst die höheren Chakren auch durch Bewegung, Visualisation, Klänge, Affirmationen und die Anrufung der Engel rascher in dir aktivieren. Erzengel Gabriel wird dir dabei helfen.

ÜBUNG, UM DIE HÖHEREN WURZELCHAKREN IN DIR ZU VERANKERN UND ZU AKTIVIEREN

Am Freitag ist Erzengel Gabriels Einfluss auf der Erde am stärksten. Daher ist es am besten, die folgende Übung an einem Freitag zu machen.

1. Begib dich an einen Ort, an dem du garantiert ungestört bist.
2. Wenn möglich, erhöhe die Energie durch Blumen, eine Kerze, sakrale Musik (falls du solche Musik magst) und schöne Gegenstände oder Bücher.
3. Ehe du mit der Übung beginnst, strecke dich, rolle ein paar Mal langsam deinen Kopf, um deine Nackenmuskulatur zu lockern, und schüttle Arme und Beine aus.
4. Lasse dich auf beide Knie nieder. Wenn du das nicht kannst, setze dich auf einen Stuhl.
5. Bitte den mächtigen Erzengel Gabriel und seine Zwillingsflamme, die Hoffnung, dir bei der Weiterentwicklung deines Wurzelchakras zu helfen.
6. Reibe deinen Rücken am Steißbein, wo sich dein Wurzelchakra befindet, bis du an dieser Stelle ein Kribbeln verspürst.

7. Um das Wurzelchakra der vierten Dimension in dir zu verankern:
   a) Stelle dir vor, wie das rote Chakra des Überlebens an deinen Beinen entlang in deine Füße hinunterwandert.
   b) Dann stelle dir über deinem Kopf eine leuchtende, perlweiße Lichtkugel vor.
   c) Ziehe diese Lichtkugel in dein Wurzelchakra hinunter.

8. Um das Wurzelchakra der fünften Dimension in dir zu verankern:
   a) Stelle dir vor, wie das rote Chakra aus deinen Füßen in die Erde hinunterrutscht. Dann ziehe das perlweiße Chakra aus deinem Wurzelchakra in deine Füße hinunter, und stelle dir über deinem Kopf eine wunderschöne, von Glückseligkeit erfüllte platinfarbene Lichtkugel vor. Ziehe diese Kugel in dein Wurzelchakra hinunter.
   b) Atme mehrmals in dein Wurzelchakra hinein: einatmen – ausatmen – Atem anhalten, einatmen – ausatmen – Atem anhalten.
   c) Stelle dir vor, dass sich beim Einatmen die Blütenblätter dieses Chakras öffnen und beim Ausatmen wieder schließen.
9. Um das Chakra physisch zu aktivieren, spanne beim Ausatmen deine Gesäßbacken an, übe Druck auf dein Steißbein aus und schiebe es nach vorn. Senke dabei den Kopf.
10. Beim Einatmen entspannst du deine Gesäßmuskulatur und bringst dein Steißbein wieder in seine ursprüngliche Position. Hebe den Kopf wieder. Tue das viermal, und entspanne dich dann.
11. Sprich für das Chakra der vierten Dimension die Affirmation »ICH BIN Freude«.
12. Für das Chakra der fünften Dimension sprich die

Affirmation »ICH BIN Glückseligkeit«. »Glückseligkeit« bedeutet so viel wie »Gesegnet-Sein«. Daher kannst du stattdessen auch die Affirmation »ICH BIN gesegnet« aussprechen.

13. Summe den Ton »UH« in dein Wurzelchakra hinein.
14. Bitte Erzengel Gabriel und die Hoffnung, deine Nebennieren zu beruhigen, zu entspannen und zu heilen.
15. Stelle dir vor, wie Erzengel Gabriel und die Hoffnung eine Lichtkugel in dein Wurzelchakra setzen.
16. Sitze ganz ruhig da, während du dich auf dieses Chakra konzentrierst.
17. Danke Erzengel Gabriel und der Hoffnung für ihre Hilfe.
18. Umgib dich mit einem schützenden goldenen Kokon, oder arbeite mit den anderen Chakren weiter.

Erzengel Gabriels Hilfe für dein Sakralchakra

Erzengel Gabriel und seine Zwillingsflamme, die Hoffnung, haben die Aufgabe, sich um die Entwicklung unseres Wurzel- und Sakralchakras zu kümmern. Ursprünglich hatten wir Menschen genau wie die Tiere nur ein Wurzelchakra; doch als unser Bewusstsein sich weiterentwickelte, entstand das Sakralchakra, der Sitz unserer Emotionen und unserer Sexualität.

Auf physischer Ebene regiert das Sakralchakra Blase, Därme und Geschlechtsorgane. Es ist der Sitz unserer Anschauungen über Sexualität, Nahrung und Emotionen. Dieses Chakra beherrscht auch unsere Geschlechtsdrüsen, die Eierstöcke und Hoden. Wenn es richtig funktioniert, laufen Menstruation und Menopause und alle anderen hormonellen Veränderungen bei der Frau und beim Mann reibungslos ab. Dann befähigt das orangefarbene Sakralchakra der dritten Dimension dich, wohltuende, herzliche Freundschaften und gute sexuelle Beziehungen aufzubauen. Du bist in emotionaler Hinsicht ausgeglichen und ernährst dich ausgewogen.

Wenn du deine männliche und weibliche Energie ins Gleichgewicht bringst, beginnt sich das Sakralchakra der vierten Dimension zu entwickeln. Rufe Erzengel Gabriel an; er wird dir helfen, dieses Gleichgewicht zu finden.

Wenn du deine Göttinnen-Energie – das göttliche Weibliche, das in jedem Mann und jeder Frau steckt – entwickelst, beginnt das magenta-platinfarbene Sakralchakra der fünften Dimension zu dir herabzusteigen.

Bei der nun folgenden Übung arbeitest du mit Bewegung, Visualisation, Klängen, Affirmationen und Engelanrufungen, um die höheren Sakralchakren rascher in dir zu aktivieren.

ÜBUNG, UM DIE HÖHEREN SAKRALCHAKREN IN DIR ZU VERANKERN UND ZU AKTIVIEREN

Am Freitag ist Erzengel Gabriels Einfluss auf der Erde am stärksten. Daher ist es am besten, diese Übung an einem Freitag zu machen.

1. Begib dich an einen Ort, an dem du garantiert ungestört bist.
2. Wenn möglich, erhöhe die Energie durch Blumen, eine Kerze, Engelmusik (falls du solche Musik magst) und schöne Gegenstände oder Bücher.
3. Bevor du mit der Übung beginnst, strecke dich, und schüttle Arme und Beine aus.

4. Knie nieder, oder setze dich mit gekreuzten Beinen auf den Boden. Wenn du das nicht kannst, setze dich auf einen Stuhl.
5. Bitte den mächtigen Erzengel Gabriel und seine Zwillingsflamme, die Hoffnung, dir bei der Weiterentwicklung deines Sakralchakras zu helfen.
6. Reibe deinen Unterleib vorn und am Rücken, bis du dort ein Kribbeln verspürst.

Um das Sakralchakra der vierten Dimension in dir zu verankern:

a) Stelle dir vor, wie das orangefarbene Chakra an deinen Beinen entlang in deine Unterschenkel wandert.
b) Dann stelle dir über deinem Kopf eine blass orangerosafarbene, leuchtende Lichtkugel vor.
c) Ziehe diese Lichtkugel in dein Sakralchakra hinunter.

Um das Sakralchakra der fünften Dimension in dir zu verankern:

a) Stelle dir vor, wie das orangefarbene Chakra aus deinen Unterschenkeln in die Erde rutscht.
b) Ziehe das orangerosafarbene Chakra aus deinem Unterleib in deine Unterschenkel hinunter.

c) Stelle dir über deinem Kopf ein wunderschönes magenta-platinfarbenes Licht – das göttliche Weibliche – vor.

d) Ziehe dieses Licht in dein Sakralchakra hinunter.

7. Atme mehrmals in dein Sakralchakra hinein: einatmen – ausatmen – Atem anhalten, einatmen – ausatmen – Atem anhalten. Stelle dir vor, wie sich beim Einatmen die Blütenblätter dieses Chakras öffnen und beim Ausatmen wieder schließen.
8. Um das Chakra physisch zu aktivieren, geh in den Vierfüßlerstand. Senke beim Ausatmen den Kopf, und mache einen »Katzenbuckel«. Ziehe dabei den Bauch ein.
9. Beim Einatmen hebst du Kopf und Gesäß wieder. Öffne das Chakra. Tue das viermal, und entspanne dich dann.
10. Sprich für das Sakralchakra der vierten Dimension die Affirmation »ICH BIN Gleichgewicht« aus.
11. Für das Sakralchakra der fünften Dimension sprichst du die Affirmation »ICH BIN das göttliche Weibliche« aus.
12. Summe den Ton »OH« in dein Sakralchakra hinein.
13. Bitte Erzengel Gabriel und seine Zwillingsflamme, die Hoffnung, deine Geschlechtsdrüsen zu beru-

higen, zu entspannen und zu heilen. Selbst wenn sie operativ entfernt worden sein sollten, funktionieren sie im ätherischen Bereich immer noch.

14. Stelle dir vor, wie Erzengel Gabriel und die Hoffnung eine Lichtkugel in dein Sakralchakra setzen.
15. Sitze ganz ruhig da, während du dich auf dieses Chakra konzentrierst.
16. Danke Erzengel Gabriel und der Hoffnung für ihre Hilfe.
17. Umgib dich mit einem schützenden goldenen Kokon, oder arbeite mit den anderen Chakren weiter.

Erzengel Uriels Hilfe für dein Solarplexuschakra

Erzengel Uriel und seine Zwillingsflamme Aurora haben die Aufgabe, unseren Solarplexus – das Zentrum unserer persönlichen Macht und Weisheit – weiterzuentwickeln. Auf physischer Ebene regiert der Solarplexus Leber, Milz, Magen, Gallenblase und Bauchspeicheldrüse. Ist dieses Chakra schwach entwickelt, dann sitzen dort unsere Ängste und unser Mangel an Selbstvertrauen. Wenn es auf der Ebene der dritten Dimension jedoch richtig funktioniert, fühlst du dich stark und selbstsicher. Der Solarplexus regiert die Bauchspeicheldrüse. Wenn er sich im Gleichgewicht befindet, bist du in der Lage, andere Menschen auf allen Ebenen zu nähren und dich von ihnen nähren zu lassen.

Wenn du deine Ängste in den Griff bekommst und mit deiner Weisheit in Kontakt trittst, beginnt sich dein goldener Solarplexus der vierten Dimension zu entwickeln. Rufe Erzengel Uriel an; er wird dir helfen, dich von deinen Ängsten zu lösen und Weisheit zu erlangen.

Der Solarplexus der fünften Dimension ist golden mit

regenbogenfarbenen Lichtern. Wenn dieses Chakra sich entwickelt, trittst du mit der Weisheit des Universums in Verbindung.
Bei der nun folgenden Übung arbeitest du mit Bewegung, Visualisation, Klängen, Affirmationen und Engelanrufungen, um die höheren Solarplexuschakren rascher in dir zu aktivieren.

ÜBUNG, UM DIE HÖHEREN SOLARPLEXUSCHAKREN IN DIR ZU VERANKERN UND ZU AKTIVIEREN

Am Donnerstag ist Erzengel Uriels Einfluss auf der Erde am stärksten. Daher ist es am besten, diese Übung an einem Donnerstag zu machen.

1. Begib dich an einen Ort, an dem du garantiert ungestört bist.
2. Wenn möglich, erhöhe die Energie durch Blumen, eine Kerze, Engelmusik (falls du solche Musik magst) und schöne Gegenstände oder Bücher.
3. Bevor du mit der Übung beginnst, strecke dich, und schüttle Arme und Beine aus.
4. Knie nieder, oder setze dich mit gekreuzten Beinen auf den Boden. Wenn du das nicht kannst, setze dich auf einen Stuhl.
5. Bitte den mächtigen Erzengel Uriel und seine

Zwillingsflamme Aurora, dir bei der Weiterentwicklung deines Solarplexus zu helfen.

6. Reibe deinen Solarplexus vorn und hinten, bis du dort ein Kribbeln verspürst.

Um den Solarplexus der vierten Dimension in dir zu verankern:

a) Stelle dir vor, wie das gelbe Chakra an deinen Beinen entlang in deine Waden wandert.
b) Dann stelle dir über deinem Kopf eine reingoldene Lichtkugel vor.
c) Ziehe diese Lichtkugel in deinen Solarplexus hinunter.

Um den Solarplexus der fünften Dimension in dir zu verankern:

a) Stelle dir vor, wie das gelbe Chakra an deinen Waden entlang in die Erde hinabrutscht.
b) Ziehe das goldene Chakra aus deinem Solarplexus in deine Waden hinunter.
c) Stelle dir über deinem Kopf eine wunderschöne goldene Kugel mit regenbogenfarbenen Lichtern vor.
d) Ziehe diese Lichtkugel in deinen Solarplexus hinunter.

7. Atme mehrmals ruhig und gleichmäßig in deinen Solarplexus hinein. Stelle dir vor, wie sich die Blütenblätter dieses Chakras beim Einatmen öffnen und beim Ausatmen wieder schließen.
8. Um das Chakra physisch zu aktivieren, hebe die Ellbogen, und lege die Hände auf die Schultern. Atme aus, halte den Atem an, drehe dich nach links, kehre wieder zur Mitte zurück, atme ein, halte den Atem an, drehe dich nach rechts, und kehre wieder zur Mitte zurück. Tue das viermal, und entspanne dich dann.
9. Wiederhole diese Übung, und drehe dich diesmal zuerst nach rechts, dann nach links. Entspanne dich danach wieder.
10. Sprich für den Solarplexus der vierten Dimension die Affirmation »ICH BIN weise«.
11. Für den Solarplexus der fünften Dimension sprich die Affirmation »ICH BIN ein Meister«.
12. Summe den Ton »OH« in dein Herz.
13. Bitte Erzengel Uriel und seine Zwillingsflamme Aurora, deine Bauchspeicheldrüse zu beruhigen, zu entspannen, zu stärken und zu heilen.
14. Stelle dir vor, wie Erzengel Uriel eine Lichtkugel in deinen Solarplexus setzt.
15. Sitze ganz ruhig da, während du dich auf dieses Chakra konzentrierst.
16. Danke Erzengel Uriel und Aurora für ihre Hilfe.

17. Umgib dich mit einem schützenden goldenen Kokon, oder arbeite mit den anderen Chakren weiter.

Erzengel Chamuels Hilfe für dein Herzchakra

Erzengel Chamuel und seine Zwillingsflamme, die Nächstenliebe, haben die Aufgabe, unser Herzchakra weiterzuentwickeln. Dieses Chakra ist das Zentrum der Liebe. Auf physischer Ebene regiert dieses Chakra Herz, Brustkorb, Lungen, Schultern, Arme und Hände. Wenn du dich ungeliebt, abgelehnt oder nicht liebenswert fühlst, verschließt du dein Herzchakra. Das führt zu Problemen in diesem Körperbereich. Wenn dein grünes Herzchakra, das eine rein rosafarbene Mitte hat, richtig funktioniert, öffnet es sich. Dann strahlst du Wärme und Liebe aus und wirst automatisch zum Heiler.

Diesem Chakra untersteht auch die Thymusdrüse. Wenn dein Herzzentrum offen ist, besitzt du daher ein starkes Immunsystem.

Wenn du dein Herz öffnest und andere Menschen bedingungslos akzeptierst und liebst, beginnt sich dein Herzchakra der vierten Dimension zu entwickeln. Rufe Erzengel Chamuel an; er wird dir helfen, die Vergangenheit loszulassen, alles, was früher geschehen ist, zu verzeihen, und die Flamme der Liebe in deinem Herzen erweitern.

Das Herzchakra der fünften Dimension ist weiß. Wenn du es entwickelst, hast du Christusbewusstsein erlangt. Bei der nun folgenden Übung arbeitest du mit Bewegung, Visualisation, Klängen, Affirmationen und Engelanrufungen, um die höheren Herzchakren rascher in dir zu aktivieren.

ÜBUNG, UM DIE HÖHEREN HERZCHAKREN IN DIR ZU VERANKERN UND ZU AKTIVIEREN

Am Montag ist Erzengel Chamuels Einfluss auf der Erde am stärksten. Daher ist es am besten, diese Übung an einem Montag zu machen.

1. Begib dich an einen Ort, an dem du garantiert ungestört bist.
2. Wenn möglich, erhöhe die Energie durch Blumen, eine Kerze, Engelmusik (falls du solche Musik magst) und schöne Gegenstände oder Bücher.
3. Bevor du mit der Übung beginnst, strecke dich, und schüttle Arme und Beine aus.
4. Knie nieder, oder setze dich mit gekreuzten Beinen auf den Boden. Wenn du das nicht kannst, setze dich auf einen Stuhl.

5. Bitte den mächtigen Erzengel Chamuel und seine Zwillingsflamme, die Nächstenliebe, dir bei der Weiterentwicklung deines Herzchakras zu helfen.
6. Reibe deinen Brustkorb vorn und hinten, bis du dort ein Kribbeln verspürst.

Um das Herzchakra der vierten Dimension in dir zu verankern:

a) Stelle dir vor, wie das grüne Chakra an deinen Beinen entlang in deine Knie wandert.
b) Nun stelle dir über deinem Kopf eine leuchtende, blass rosaviolette Lichtkugel vor.
c) Ziehe diese Lichtkugel in dein Herzchakra hinein.

Um das Herzchakra der fünften Dimension in dir zu verankern:

a) Stelle dir vor, wie das grüne Chakra aus deinen Knien in die Erde rutscht.
b) Ziehe das rosaviolette Chakra aus deinem Herzen in deine Knie hinunter.
c) Stelle dir über deinem Kopf eine wunderschöne, reinweiß schimmernde Lichtkugel vor.
d) Ziehe diese Lichtkugel in dein Herz hinein.

7. Atme mehrere Male ruhig und gleichmäßig in dein Herzchakra. Stelle dir vor, wie sich die Blüten-

blätter dieses Chakras beim Einatmen öffnen und beim Ausatmen wieder schließen.

8. Um das Chakra physisch zu aktivieren, falte die Hände und lege sie auf dein Herz; die Ellbogen zeigen zu den Seiten hin. Drücke beim Ausatmen deinen linken Ellbogen nach unten und spüre, wie dabei von hinten Druck auf dein Herzchakra ausgeübt wird. Beim Einatmen drückst du deinen rechten Ellbogen nach unten. Tue das dreimal, und ende beim Ausatmen. Dann halte den Atem an, und richte deine Ellbogen parallel zueinander aus. Ziehe sie nach außen, und spüre dabei wieder das Druckgefühl hinten an deinem Herzchakra. Atme dann wieder normal weiter. Wiederhole das Ganze, und beginne diesmal mit dem rechten Ellbogen.
9. Sprich für das Herzchakra der vierten Dimension die Affirmation »ICH BIN Liebe«.
10. Für das Herzchakra der fünften Dimension sprich die Affirmation »ICH BIN bedingungslose Liebe«.
11. Summe den Ton »AH« in dein Herz hinein.
12. Bitte Erzengel Chamuel und die Nächstenliebe, deine Thymusdrüse zu beruhigen, zu entspannen und zu stärken.
13. Stelle dir vor, wie Erzengel Chamuel eine Lichtkugel in dein Herzchakra setzt.
14. Sitze ganz ruhig da, während du dich auf dieses Chakra konzentrierst.

15. Danke Erzengel Chamuel und der Nächstenliebe für ihre Hilfe.
16. Umgib dich mit einem schützenden goldenen Kokon, oder arbeite mit den anderen Chakren weiter.

Erzengel Michaels Hilfe für dein Kehlkopfchakra

Erzengel Michael und seine Zwillingsflamme, der Glaube, haben die Aufgabe, unser Kehlkopfchakra weiterzuentwickeln. Das ist das Zentrum des Vertrauens, der Kommunikation, Willenskraft und Integrität.
Auf physischer Ebene regiert dieses Chakra Kehle und Nacken. Wenn du dich gegen deine Lebenserfahrungen wehrst oder nicht aufrichtig mit anderen Menschen kommunizieren kannst, bekommst du Halsschmerzen oder einen steifen Nacken. Wenn dein türkisfarbenes Kehlkopfchakra der dritten Dimension hingegen richtig funktioniert, öffnet es sich, und deine Kommunikation wird von Mühelosigkeit und Integrität geprägt sein. Dann beginnst du dich auf die höhere Führung deines Höheren Selbst einzustimmen.
Dem Kehlkopfchakra untersteht auch die Schilddrüse. Wenn es richtig funktioniert, ist dein Stoffwechsel ausgeglichen und läuft reibungslos ab.
Wenn du dein Kehlkopfchakra im Einklang mit deinem höheren Willen öffnest, beginnt sich das tief blauviolette

Kehlkopfchakra der vierten Dimension zu entwickeln. Rufe Erzengel Michael an; er wird dir den Mut, die Kraft, das Vertrauen und den Glauben schenken, die du brauchst, um die Wahrheit zu sprechen.
Dein Kehlkopfchakra der fünften Dimension ist königsblau. Wenn es sich in dir verankert, entwickelst du höhere übersinnliche und spirituelle Fähigkeiten.
Bei der nun folgenden Übung arbeitest du mit Bewegung, Visualisation, Klängen, Affirmationen und Engelanrufungen, um die höheren Kehlkopfchakren rascher in dir zu aktivieren.

ÜBUNG, UM DIE HÖHEREN KEHLKOPFCHAKREN IN DIR ZU VERANKERN UND ZU AKTIVIEREN

Am Dienstag ist Erzengel Michaels Einfluss auf der Erde am stärksten. Daher ist es am besten, diese Übung an einem Dienstag zu machen.

1. Begib dich an einen Ort, an dem du garantiert ungestört bist.
2. Wenn möglich, erhöhe die Energie durch Blumen, eine Kerze, Engelmusik (falls du solche Musik magst) und schöne Gegenstände oder Bücher.
3. Bevor du mit der Übung beginnst, strecke dich, und schüttle Arme und Beine aus.

4. Knie nieder, oder setze dich mit gekreuzten Beinen auf den Boden. Wenn du das nicht kannst, setze dich auf einen Stuhl.
5. Bitte den mächtigen Erzengel Michael und seine Zwillingsflamme, den Glauben, dir bei der Weiterentwicklung deines Kehlkopfchakras zu helfen.
6. Reibe deine Kehle und deinen Nacken, bis du an dieser Stelle ein Kribbeln verspürst.

Um das Kehlkopfchakra der vierten Dimension in dir zu verankern:

a) Stelle dir vor, wie das türkisfarbene Chakra an deinen Beinen hinunter zu einer Stelle oberhalb der Knie wandert.
b) Nun stelle dir über deinem Kopf eine tief blauviolette Lichtkugel vor.
c) Ziehe diese Lichtkugel in dein Kehlkopfchakra hinein.

Um das Kehlkopfchakra der fünftem Dimension in dir zu verankern:

a) Stelle dir vor, wie das türkisfarbene Chakra von der Stelle oberhalb deiner Knie in die Erde rutscht.
b) Ziehe das tief blauviolette Chakra aus deiner Kehle zu der Stelle oberhalb der Knie hinunter.

c) Stelle dir über deinem Kopf eine wunderschöne königsblaue Lichtkugel vor.
d) Ziehe diese Lichtkugel in dein Herz hinein.
   i) Atme mehrere Male in dein Kehlkopfchakra hinein, und zwar in folgendem Rhythmus: einatmen – ausatmen – Atem anhalten. Stelle dir vor, wie sich die Blütenblätter dieses Chakras beim Einatmen öffnen und beim Ausatmen wieder schließen.
   ii) Um das Chakra physisch zu aktivieren, drücke das Kinn beim Ausatmen nach unten in die Schilddrüse hinein. Beim Einatmen hebst du den Kopf wieder. Wiederhole das viermal. Beim vierten Mal lässt du das Kinn unten und zählst bis sechzehn. Dann hebe den Kopf wieder, und entspanne dich.
   iii) Sprich für das Kehlkopfchakra der vierten Dimension die Affirmation »ICH ERHEBE ANSPRUCH auf meine übersinnlichen und spirituellen Fähigkeiten«.
   iv) Für das Kehlkopfchakra der fünften Dimension sprichst du die Affirmation »ICH BIN ein Mitschöpfer des Göttlichen«.

7. Summe den Ton »EE« in dein Kehlkopfchakra hinein.
8. Bitte Erzengel Michael und den Glauben, deine

Schilddrüse zu beruhigen, zu entspannen, zu stärken und zu heilen.

9. Stelle dir vor, wie Erzengel Michael eine Lichtkugel in dein Kehlkopfchakra setzt.
10. Sitze ganz ruhig da, während du dich auf dieses Chakra konzentrierst.
11. Danke Erzengel Michael und dem Glauben für ihre Hilfe.
12. Umgib dich mit einem schützenden goldenen Kokon, oder arbeite mit den anderen Chakren weiter.

Erzengel Raphaels Hilfe für dein Drittes Auge

Erzengel Raphael und seine Zwillingsflamme Maria haben die Aufgabe, unser Drittes Auge – das Zentrum der Intuition und der Verbindung zu Gott – weiterzuentwickeln.

Auf physischer Ebene regiert dieses Stirnchakra Augen, Ohren, Kopf, Nase und Stirnhöhlen. Kopfschmerzen oder andere Probleme in diesem Bereich deuten auf eine Blockade des Dritten Auges hin. Wenn dieses indigoblaue Chakra frei und ungehindert arbeitet, wirst du intuitionsbegabt oder hellsichtig. Dann kannst du andere Menschen mit deinen Gedanken und Worten heilen.

Diesem Chakra untersteht auch die Hirnanhangsdrüse (Hypophyse), welche die Funktionen der übrigen Hormondrüsen im Körper reguliert. Wenn es harmonisch arbeitet, fühlst du dich jung und siehst auch so aus. Du bist geistig wach, aufgeschlossen und gesund. Rufe Erzengel Raphael an; er wird dir helfen, deine innere Vision zu entwickeln.

Das Stirnchakra der vierten Dimension ist weißgolden. Wenn es sich in dir verankert, orientieren deine Gedanken und Visionen sich am Göttlichen. Das Stirnchakra der fünften Dimension ist durchsichtig wie Kristall.
Bei der nun folgenden Übung arbeitest du mit Bewegung, Visualisation, Klängen, Affirmationen und Engelanrufungen, um die höheren Chakren des Dritten Auges rascher in dir zu aktivieren.

ÜBUNG, UM DIE HÖHEREN CHAKREN DES DRITTEN AUGES IN DIR ZU VERANKERN UND ZU AKTIVIEREN

Am Mittwoch ist Erzengel Raphaels Einfluss auf der Erde am stärksten. Daher ist es am besten, diese Übung an einem Mittwoch zu machen.

1. Begib dich an einen Ort, an dem du garantiert ungestört bist.
2. Wenn möglich, erhöhe die Energie durch Blumen, eine Kerze, Engelmusik (falls du solche Musik magst) und schöne Gegenstände oder Bücher.
3. Bedanke dich innerlich für alles, womit du in diesem Leben gesegnet wurdest.
4. Bevor du mit der Übung beginnst, strecke dich, und schüttle Arme und Beine aus.
5. Knie nieder, oder setze dich mit gekreuzten Beinen

auf den Boden. Wenn du das nicht kannst, setze dich auf einen Stuhl.

6. Bitte den mächtigen Erzengel Raphael und seine Zwillingsflamme Maria, dir bei der Weiterentwicklung deines Dritten Auges zu helfen.
7. Energetisiere deine Hände, indem du sie aneinander reibst. Dann massiere sanft dein Gesicht, vor allem Haaransatz, Stirnhöhlen, Augen, Schläfen, Kiefer und Ohren. Reibe deine Stirn und deinen Hinterkopf, bis du dort ein Kribbeln verspürst.

Um das Dritte Auge der vierten Dimension in dir zu verankern:

a) Stelle dir vor, wie das indigoblaue Chakra in deine Beine hinunterwandert.
b) Nun stelle dir über deinem Kopf eine weißgoldene Lichtkugel vor.
c) Ziehe diese Lichtkugel in das Dritte Auge hinein.

Um das Dritte Auge der fünften Dimension in dir zu verankern:

a) Stelle dir vor, wie das indigoblaue Chakra aus den Beinen in die Erde rutscht.
b) Ziehe das weißgoldene Chakra aus dem Dritten Auge zu einer Stelle oberhalb der Beine hinunter.

c) Stelle dir über deinem Kopf eine wunderschöne, kristallklare Lichtkugel vor.
d) Ziehe diese Lichtkugel in das Dritte Auge hinein.

8. Atme mehrmals in dein Drittes Auge hinein, und zwar in folgendem Rhythmus: einatmen – ausatmen – Atem anhalten. Stelle dir vor, wie sich die Blütenblätter dieses Chakras beim Einatmen öffnen und beim Ausatmen wieder schließen.
9. Um das Chakra physisch zu aktivieren, falte die Hände vor dem Kehlkopfchakra. Drücke einen Atemzug aus dem Wurzelchakra deinen Körper entlang nach oben, so wie man Zahnpasta aus einer Tube drückt. Hebe dabei gleichzeitig die Hände und halte sie vor das Dritte Auge. Lasse den Atemzug durch das Scheitelchakra aus deinem Körper entweichen. Wenn du möchtest, kannst du das noch einmal wiederholen. Dann entspanne dich.
10. Sprich für das Kehlkopfchakra der vierten Dimension die Affirmation »GOTT UND ICH SIND EINS«.
11. Für das Chakra der fünften Dimension sprich die Affirmation »ICH BIN DER, DER ICH BIN«.
12. Summe den Ton »AYE« in dein Herz hinein.
13. Bitte Erzengel Raphael und Maria, deine Hypophyse zu beruhigen, zu entspannen, zu stärken und zu heilen.

14. Stelle dir vor, wie Erzengel Raphael eine Lichtkugel in dein Drittes Auge setzt.
15. Sitze ganz ruhig da, während du dich auf dieses Chakra konzentrierst.
16. Danke Erzengel Raphael und Maria für ihre Hilfe.
17. Umgib dich mit einem schützenden goldenen Kokon, oder arbeite mit den anderen Chakren weiter.

Erzengel Jophiels Hilfe für dein Scheitelchakra

Erzengel Jophiel und seine Zwillingsflamme Christine haben die Aufgabe, unser Scheitelchakra – das Zentrum unserer Verbindung zu unserem Höheren Selbst oder unserer Seele – weiterzuentwickeln.
Wenn dieses Chakra – der tausendblättrige Lotos – sich nicht in Harmonie befindet, fühlst du dich aus deiner inneren Mitte geworfen. Arbeitet dieses violette Chakra dagegen frei und ungehindert, so stimmst du dich auf deinen höheren Lebenssinn ein.
Das Scheitelchakra regiert die Zirbeldrüse, die Licht aufnimmt und speichert. Licht enthält spirituelle Informationen und spirituelles Wissen. Wenn dieses Chakra offen ist, bist du vollkommen mit deiner Seele verbunden. Rufe Erzengel Jophiel an; er wird dich erleuchten und mit Weisheit erfüllen.
Das Scheitelchakra der vierten Dimension ist weißviolett. Wenn es sich in dir verankert, stimmst du dich auf deine Monade oder »ICH BIN«-Präsenz ein. Das Scheitelchakra der fünften Dimension ist mit dem Drit-

ten Auge zu einem funkelnden Lichtdiamanten verschmolzen.
Bei der nun folgenden Übung arbeitest du mit Bewegung, Visualisation, Klängen, Affirmationen und Engelanrufungen, um die höheren Scheitelchakren rascher in dir zu aktivieren.

ÜBUNG, UM DIE HÖHEREN SCHEITELCHAKREN IN DIR ZU VERANKERN UND ZU AKTIVIEREN

Am Sonntag ist Erzengel Jophiels Einfluss auf der Erde am stärksten. Daher ist es am besten, diese Übung an einem Sonntag zu machen.

1. Begib dich an einen Ort, an dem du garantiert ungestört bist.
2. Wenn möglich, erhöhe die Energie durch Blumen, eine Kerze, Engelmusik (falls du solche Musik magst) und schöne Gegenstände oder Bücher.
3. Bevor du mit der Übung beginnst, strecke dich, und schüttle Arme und Beine aus.
4. Knie nieder, oder setze dich mit gekreuzten Beinen auf den Boden. Wenn du das nicht kannst, setze dich auf einen Stuhl.
5. Bitte den mächtigen Erzengel Jophiel und seine

Zwillingsflamme Christine, dir bei der Weiterentwicklung deines Scheitelchakras zu helfen.

6. Reibe den Scheitelpunkt deines Kopfes und dein Steißbein ganz sanft.

Um das Scheitelchakra der vierten Dimension in dir zu verankern:

a) Stelle dir vor, wie das violette Chakra in die Oberschenkel hinabwandert.
b) Nun stelle dir über deinem Kopf eine weißviolette Lichtkugel vor.
c) Ziehe diese Lichtkugel in dein Scheitelchakra hinein.

Um das Scheitelchakra der fünften Dimension in dir zu verankern:

a) Stelle dir vor, wie das violette Chakra aus den Beinen in die Erde rutscht.
b) Ziehe das weißviolette Chakra aus deinem Scheitelchakra in die Oberschenkel hinunter.
c) Stelle dir über deinem Kopf einen wunderschönen Diamanten vor.
d) Ziehe diesen Diamanten in dein Herz hinein.

7. Für dieses Chakra gibt es keine Atemübung. Neige einfach den Kopf, und gib dich dem Göttlichen hin.

8. Stimme die Silbe »OM« an, und stelle dir vor, wie sie nach oben zum Ursprung aller Dinge aufsteigt.

Erzengel Zadkiels Hilfe für dein Seelenchakra

Das achte Chakra ist der Sitz der Seele. Es ist blauweiß, befindet sich ungefähr dreißig Zentimeter über deinem Kopf und gehört zu deiner Aura. Durch dieses Chakra trittst du mit deinem Höheren Selbst oder deiner Seele in Verbindung, um von dort Anweisungen zu empfangen.

Dein Seelenchakra enthält Seeleninformationen, die es in dein Chakrensystem einspeichert.

Wenn du deine Chakren der vierten Dimension zu dir herunterziehst, steigt dein Seelenchakra in dein Scheitelchakra hinab und existiert vorübergehend parallel zu diesem Chakra am gleichen Ort.

ÜBUNG

1. Setze dich hin, und atme gleichmäßig, bis du innerlich ruhig und zentriert bist.
2. Hebe die Arme, recke dich nach oben, und spüre,

wie du die blauweiße Lichtkugel umfasst, die über deinem Kopf schwebt. Dann senke die Arme wieder, und entspanne dich.

3. Bitte Erzengel Zadkiel und seine Zwillingsflamme Amethyst, dir zu helfen, deine Seelenenergie in dich hineinzuziehen.
4. Stelle dir vor, wie Licht von deinem Seelenchakra ausstrahlt und nacheinander all deine anderen Chakren erhellt. Halte inne, und spüre dieses Licht in deinen Chakren. Jetzt werden Informationen aus deiner Seele in dein Chakrensystem eingespeichert.
5. Stelle dir vor, wie deine Chakren sich in eine Lichtsäule verwandeln.
6. Danke Erzengel Zadkiel und Amethyst für ihre Hilfe.

Meditation, um Befreiung von deinem Karma zu erlangen

1. Begib dich an einen Ort, an dem du garantiert ungestört bist.
2. Wenn möglich, erhöhe die Energie durch Blumen, eine Kerze, Weihrauch, passende Musik (falls du Musik magst) und schöne Gegenstände oder Bücher.
3. Setze oder lege dich mit geradem Rücken hin.
4. Erde dich, indem du dir vorstellst, wie Wurzeln aus deinen Füßen in den Boden wachsen.
5. Entspanne dich, und löse dich von der Außenwelt. Bitte deinen Schutzengel, dich mit seinen Flügeln zu umfangen und dir beizustehen. Stelle dir vor, wie dein Engel dir über den Kopf streicht und alle Anspannung von dir nimmt. Als Nächstes spürst du, wie dein Nacken, deine Schultern, Arme und Hände sanft und liebevoll gestreichelt werden. Lasse dieses Gefühl langsam von oben nach unten durch deinen ganzen Körper wandern, bis du dich wohl, sicher und geborgen fühlst.

6. Nun erscheint vor dir eine wunderschöne Marmortreppe, und du steigst mühelos hinauf – immer höher, bis du dich auf der dreiunddreißigsten Ebene befindest. Das ist die heilige Ebene des Christusbewusstseins. Hier verweilst du in bedingungsloser Liebe.

Jetzt kommt eine Engelschar, um dich abzuholen. Die Engel führen dich liebevoll weiter nach oben, bis du eine Treppe erreichst, die zu einem prächtigen Tempel führt. Das ist der Tempel der Herren des Karmas. Die Engel warten schon auf dich. Steige die Treppen hinauf, und gehe über den Hof, der von bunten Blumen umwachsen ist. In der Mitte des Hofes befindet sich ein schöner Springbrunnen. Dort bleibst du stehen.

Ein Mönch mit strahlendem, friedvollem Gesicht kommt auf dich zu. Er begrüßt dich schweigend und führt dich zu einer Tür. Du klopfst an und trittst ein. Die sieben mächtigen Herren des Karmas sitzen rund um einen Tisch und erwarten dich bereits.

Tritt näher, und frage die Herren des Karmas ehrerbietig, ob ein Teil deines persönlichen Karmas oder Familienkarmas – oder das ganze Karma – in höhere Energie verwandelt werden kann.

7. Sei offen für alle Eindrücke oder Antworten, die

du von den mächtigen Herren des Karmas empfängst. Denke daran, dass sie gnädige Wesen sind.

8. Sei offen für die Botschaften, die sie dir vielleicht mit auf den Weg geben möchten.
9. Bedanke dich bei ihnen.
10. Nun verlässt du das Gemach wieder und lässt dich von dem Mönch über den Hof und die Treppe hinunter an die Stelle zurückbringen, wo die Engel auf dich warten. Die Engel führen dich in dein physisches Leben auf der Erde zurück.
11. Bleibe sitzen, und denke in aller Ruhe über dein Erlebnis nach. Achte auf alle Empfindungen in deinem physischen Körper.
12. Krümme die Finger und Zehen, und strecke sie dann wieder. Recke dich, und schlage die Augen auf.

Wie du deine Gelübde lösen kannst

Gelübde werden häufig im Rahmen eines Rituals oder einer Zeremonie vor Zeugen abgelegt. Das verankert sie so fest in deinem Bewusstsein und ruft zudem die Engel herbei, die dir dann helfen, dich an dein Gelübde zu halten – wenn nötig durch mehrere Existenzen hindurch. Über jedes Gelübde, das du ablegst, wacht ein Engel, der nur die Aufgabe hat, darauf zu achten, dass du deinen Schwur nicht brichst.

Wenn du noch unter dem Einfluss früherer Ehegelöbnisse, Verträge, Schwüre, Flüche oder sonstiger Gelübde stehen solltest, die du in deinem jetzigen Leben abgelegt hast, wird es dir sehr weiterhelfen, dich innerlich von diesen Verpflichtungen zu lösen. Eine Eheschließung ist eine Zeremonie. Eine Scheidung ist häufig nicht in der Lage, die Energie dieses Vertrages wieder freizusetzen.

Auch in früheren Leben hast du Gelübde abgelegt, die immer noch in dir gespeichert sind und dein jetziges Leben beeinflussen – beispielsweise Gelübde der Armut, des Gehorsams, der Keuschheit, des Schweigens, der Mildtätigkeit, der Treue, der Entsagung, der Zugehörigkeit zu einer Glaubensgemeinschaft oder der Buße. Vielleicht hast du auch einen anderen Menschen verflucht oder verdammt oder bist selbst mit einem Fluch belegt worden.

VISUALISATION, UM GELÜBDE ZU LÖSEN

1. Begib dich an einen Ort, an dem du garantiert ungestört bist.
2. Wenn möglich, erhöhe die Energie durch Blumen, eine Kerze, Weihrauch, passende Musik (falls du Musik magst) und schöne Gegenstände oder Bücher.
3. Setze oder lege dich mit geradem Rücken hin.
4. Erde dich, indem du dir vorstellst, wie Wurzeln aus deinen Füßen in den Boden wachsen.
5. Entspanne dich, und löse dich von der Außenwelt. Bitte deinen Schutzengel um Beistand.
6. Atme alle Spannungen aus deinem Körper hinaus, und umgib dich mit einem rosafarbenen Licht.
7. Visualisiere oder denke dich an den Ort zurück, an dem du das Gelübde abgelegt hast, oder begib dich in einen prächtigen Tempel. Schau dich um, und lasse die Atmosphäre dieses Ortes auf dich wirken.
8. Mache dir die Gegenwart der Person bewusst, die

die Zeremonie leitet, und achte darauf, ob noch andere Menschen mit dir daran teilnehmen.

9. Lasse deinen Blick über die Menschen schweifen, vor denen du dein Gelübde ablegst. Wenn du schon viele Leben hinter dir hast, in denen du Gelübde ablegtest, sind vielleicht Hunderte oder sogar Tausende von Menschen aus diesen früheren Existenzen anwesend, die deinen Schwur mit ihrer Energie noch immer festhalten.
10. Gib der betreffenden Person ihren Ring (oder ein anderes Symbol des Gelübdes) zurück.
11. Wenn dir in einem früheren Leben ein Keuschheitsgürtel (oder vielleicht sogar mehrere) angelegt wurde, so ist dieser im ätherischen Bereich immer noch wirksam.
    Das gilt auch für Mönchskutten, Uniformen, Büßerhemden, Bettelschalen und andere Symbole, die du damals trugst.
12. Teile der Person, die die Zeremonie (oder Zeremonien) damals veranstaltete, den versammelten Menschen und der Person, an die du dich mit deinem Gelübde gebunden hast, klar und deutlich mit, dass du dich jetzt von diesem Schwur und allen daran geknüpfen Verpflichtungen entbindest. Lasse die Zuschauer Beifall klatschen, um zu zeigen, dass sie deine Entscheidung gutheißen.

13. Zünde entweder in deiner Fantasie oder in der Realität eine Kerze an, die deine neu gewonnene Freiheit symbolisiert.
14. Bedanke dich bei den Engeln, die dein Gelübde aufrechterhalten haben, und entbinde sie von ihrer Aufgabe.
15. Verlasse den Ort der Zeremonie, und geh nach draußen an die Sonne. Feiere eine Party, oder tue irgendetwas anderes, was dir Spaß macht, um dein neues Leben zu feiern.
16. Schlage die Augen auf, und lächle. Du bist frei!

Besuch der Erzengel-Gemächer

Jeder Erzengel hat einen bestimmten Aufenthaltsort im Äther dieses Planeten, und du kannst ihn im Traum oder in der Meditation dort besuchen. Wenn du darum bittest, seinen Tempel zu betreten, wird der entsprechende Erzengel an dir arbeiten.

Wenn du einschläfst, verlässt dein Geist deinen Körper und begibt sich an die verschiedensten Orte. Es ist gut für dich, wenn du deinem Geist vor dem Einschlafen die Anweisung gibst, Orte zu besuchen, die dein spirituelles Wachstum fördern. Du brauchst zum Beispiel einfach nur zu sagen: »Ich lenke meinen Geist heute Nacht in Erzengel Michaels Tempel, damit er mir Mut und Kraft für mein neues Projekt gibt«, oder »Bitte lass mich heute Nacht in Erzengel Uriels Gemach in Polen gehen, damit er mich von meiner Höhenangst befreit«. Die Erzengel werden alles für dich tun, was nach dem Spirituellen Gesetz möglich ist.

Die Gemächer der Erzengel befinden sich im Äther über den folgenden Orten. Wenn du dich bereits physisch an einem der Orte aufgehalten hast, hat der Erzengel dieses Ortes dich in seinen Einflussbereich hineingezogen.

Erzengel Michael	Banff (Kanada)
Erzengel Jophiel	südlich der Chinesischen Mauer
Erzengel Chamuel	St. Louis (Missouri)
Erzengel Gabriel	Mount Shasta (Kalifornien)
Erzengel Raphael	Fatima (Portugal)
Erzengel Uriel	Tatra (Polen)
Erzengel Zadkiel	Kuba

Du kannst deine Bitte allgemein formulieren oder auch um eine ganz spezielle Hilfe bitten:

Erzengel Michael	um Mut, Kraft und psychischen, physischen oder metaphysischen Schutz
Erzengel Jophiel	um Weisheit, Erleuchtung, Hilfe beim Lernen oder Lehren
Erzengel Chamuel	um Hilfe dabei, anderen Menschen zu verzeihen; um mehr Mitgefühl oder Einfühlungsvermögen; um dein Herz zu öffnen
Erzengel Gabriel	um innere Reinigung und Führung; um mehr Ordnung in dein Leben zu bringen
Erzengel Raphael	um Heilung, Reichtum, Beistand auf Reisen und Hilfe bei der Entwicklung deiner inneren Vision
Erzengel Uriel	um inneren Frieden und Befreiung von deinen Ängsten

Erzengel Zadkiel	um innere Wandlung, Freude und Gnade

MEDITATION, UM DAS GEMACH EINES ERZENGELS ZU BESUCHEN

1. Begib dich an einen Ort, an dem du garantiert ungestört bist.
2. Wenn möglich, erhöhe die Energie durch Blumen, eine Kerze, Weihrauch, Engelmusik (falls du solche Musik magst) und schöne Gegenstände oder Bücher.
3. Setze oder lege dich mit geradem Rücken hin.
4. Erde dich, indem du dir vorstellst, wie Wurzeln aus deinen Füßen in den Boden wachsen.
5. Entspanne dich, und löse dich von der Außenwelt.
6. Bitte die Engel, dich zu dem Gemach des Erzengels zu bringen, den du besuchen möchtest, und verrate ihnen den Zweck deines Besuchs.
7. Visualisiere oder spüre, wie die Engel sich um dich scharen und dich durch den Äther und die Sterne in den Himmel emporheben.
8. Vor dir steht ein prächtiger, schimmernder, von Licht umgebener Tempel.
9. Steige die Stufen dieses Tempels hinauf. Oben wartet ein wunderschöner Engel auf dich. Er

wäscht dir die Füße und überreicht dir ein reinweißes Gewand.

10. Folge dem Engel durch prächtige Korridore in eine riesige Halle.
11. Der Erzengel sitzt auf einem Thron und strahlt Pracht und Herrlichkeit aus.
12. Du kannst nun näher treten und das Gefühl seiner Gegenwart genießen.
13. Erkläre ihm den Zweck deines Kommens, und warte auf seine Antwort.
14. Bedanke dich bei ihm, und verlasse den Saal wieder.
15. Die Engel führen dich nun wieder durch die Korridore und fliegen mit dir durch den Äther in deinen physischen Körper zurück.
16. Recke und strecke dich, und achte darauf, dass du gut geerdet bist. Schlage die Augen auf.

Wie du die höheren Strahlen in dir verankerst

Da das Bewusstsein der Menschheit sich jetzt so rasch erweitert, werden uns höhere Strahlen zugänglich. Eines Morgens sah ich während einer Meditation plötzlich Delfine auf mich zuspringen. Es war ein ungeheuer faszinierender, beglückender Anblick. Gleichzeitig erschienen vor meinem inneren Auge wunderschöne silberne Engel. Sie sagten mir, ich solle den platinfarbenen Strahl herunterziehen und in meinem Körper verankern. Ich tat es.

Außerdem erfuhr ich von den Engeln auch noch Folgendes: Beim Untergang von Atlantis wurden die Delfine zu Hütern des platinfarbenen Strahls ernannt – so lange, bis die Menschheit bereit sein würde, diesen Strahl wieder zu empfangen. Dieser Zeitpunkt ist jetzt gekommen. Es ist ein Strahl des Aufstiegs, der dich mit Schwingungen der Glückseligkeit erfüllt und dich befähigt, ein spirituelles Leben zu führen. Wenn du den platinfarbenen Strahl in deinem Körper verankerst und in dir trägst, berührst du mit deiner Aura andere Menschen, sodass sie diesen Strahl ebenfalls empfangen können. Damit qualifizierst du dich als spiritueller Führer und kannst vielen Menschen zum Aufstieg in höhere Dimensionen verhelfen.

MEDITATION, UM DEN PLATINFARBENEN STRAHL IN DIR ZU VERANKERN

1. Begib dich an einen Ort, an dem du garantiert ungestört bist.
2. Wenn möglich, erhöhe die Energie durch Blumen, eine Kerze, Weihrauch, Engelmusik (falls du solche Musik magst) und schöne Gegenstände oder Bücher.
3. Setze oder lege dich mit geradem Rücken hin.
4. Erde dich, indem du dir vorstellst, wie Wurzeln aus deinen Füßen in den Boden wachsen.
5. Entspanne dich, und löse dich von der Außenwelt.
6. Stelle dir vor, dass du sicher und geborgen in einem schönen, klaren, blauen Ozean schwimmst. Das Wasser kann seicht oder tief sein – wie es dir gefällt –, und du bist darin vollkommen in Sicherheit.
7. Jetzt schwimmen Delfine auf dich zu. Sie spielen und kommunizieren mit dir. Genieße ihre Gesellschaft.

8. Die Delfine senden deinem Wurzelchakra Energie und bereiten es darauf vor, den platinfarbenen Strahl in deinem Körper zu verankern.
9. Schwimme wieder ans Ufer zurück, und stehe unter dem blauen Himmel im goldenen Sand. Die Sonne ist warm und hat eine heilende Kraft. Breite die Arme aus, um diese Kraft zu empfangen.
10. Nun steigt der platinfarbene Strahl durch dein Scheitelchakra in dein Wurzelchakra hinab und fließt weiter durch dich hindurch bis in die Erde hinein. Entspanne dich, und gib dich ganz dieser Freude und Glückseligkeit hin.
11. Weihe dein Leben der Aufgabe, ein würdiger Träger und Übermittler dieses Strahls zu sein.
12. Bedanke dich bei den Engeln und den Delfinen.
13. Schlage die Augen auf, und recke und strecke dich.

Du kannst auch den aquamarinfarbenen achten Strahl herbeirufen. Das ist der Strahl der planetaren Reinigung. Es ist wichtig, dass möglichst viele Menschen den zwölften Strahl – den tiefgoldenen, schützenden Strahl Jesu Christi – in sich verankern. Er beinhaltet das Christusbewusstsein.

Der diamantene Strahl ist jetzt allen Menschen zugänglich, die ihr Leben dem Aufstieg zu höheren Ebenen geweiht haben. Das ist der Strahl vollkommener Reinheit und Einheit und der allwissenden Weisheit. Er beinhaltet bedingungslose Liebe. Du kannst darum bitten, dass dieser Strahl sich in deinem Scheitelchakra verankert. Er wird dir helfen, auf deiner spirituellen Reise schneller voranzukommen.